Antje Szillat

Spiele für Kopf & Herz

Spiele, Übungen und Bewegungen zur ganzheitlichen Förderung von Kindern

edition zweihorn

© edition zweihorn Gerhard Kälberer,

D-94089 Neureichenau, Riedelsbach 46

Tel: +49 (0) 85 83 24 54, Fax: +49 (0) 85 83 9 14 35

E-Mail: edition-zweihorn@web.de

Internet: www.edition-zweihorn.de

Umschlaggestaltung: Christian Gradl, Waldkirchen

ISBN-10: 3-935265-50-6

ISBN-13: 978-3-935265-50-8

Vorwort

Kinder brauchen Bewegung! Für eine gesunde körperliche, aber auch für eine harmonische geistige, emotionale und soziale Entwicklung des Kindes sind ausreichende Spiel- und Bewegungserfahrungen unersetzlich. Im Kindesalter bedeutet Lernen in erster Linie lernen über die Wahrnehmung und Bewegung. Die Bewegungsfreude von Kindern zu erhalten und sie gleichzeitig spielerisch ganzheitlich zu fördern ist Anliegen dieses Buches. Durch die vielfältigen Spiele und Übungen für Kopf und Herz erhalten Pädagogen und Eltern Anregungen und Möglichkeiten, Kinder im wahrsten Sinne des Wortes „spielend" zu fördern. Schon nach wenigen Übungen erleben die Kinder, dass mit der Entwicklung ihrer Fähigkeiten auch ihr Selbstvertrauen wächst. Ein kurzer Überblick über die Kapitel zeigt, wie vielfältig und abwechslungsreich sich ganzheitliche Förderung gestaltet.

Atem ist Leben! Die Spiele und Übungen, die sich in diesem Buch mit dem Atmen beschäftigen, machen den Kindern Spaß, bringen ihnen neue Energie, fördern die Entspannung und Selbstwahrnehmung und sind manchmal richtig zum Lachen!

Die Spiele mit Überkreuzbewegungen fördern das Zusammenspiel der beiden Gehirnhälften, was für das Lernen von großer Bedeutung ist. Die Überkreuzbewegungen stammen aus der Edu-

Kinestetik. Hier wurden sie in zahlreiche Spiele „verpackt“ und haben sich in der Praxis als sicher und effektiv erwiesen.

In dem Kapitel Herzensangelegenheiten geht es um das soziale Verhalten und Gleichgewicht, um angemessene und friedliche Konfliktlösungen, um Bewegungen und Übungen, die Stress, Frustrationen und Spannungen abbauen, und vor allen Dingen um die Herzensbildung – die emotionale Intelligenz.

Auf der Achterbahn können Kinder „laufend“ neue Herausforderungen bestehen. Sich in Bewegung mit Lernaufgaben beschäftigen, spielerisch mit jeder Menge Freude – das entspricht genau den natürlichen Bedürfnissen eines Kindes!

Toben und Spielen macht schlau! Spiele regen zu geistigen Leistungen wie strategischem und logischem Denken, Kreativität und Erinnerung an. Spiele verlangen Aktivität und Handeln, vergrößern die Lebenserfahrung, entwickeln die Persönlichkeit und machen richtig viel Spaß. Nicht zuletzt lehren Spiele, dass es bestimmte Regeln gibt, an die man sich in der Gemeinschaft halten muss – im Spiel sowie auch im wahren Leben.

Reise in die Vergangenheit: Alte Spiele neu entdeckt
Alte Bewegungsspiele eignen sich optimal, um bei Kindern wieder die Lust am Toben zu wecken.

Durch die Bewegung wird automatisch Ausdauer und Körpergefühl trainiert – die motorischen Fähigkeiten werden gefördert und sorgen damit für eine gesunde Entwicklung des Kindes.
Ich wünsche Ihnen und ganz besonders den Kindern viel Spaß beim Spielen.

Antje Szillat

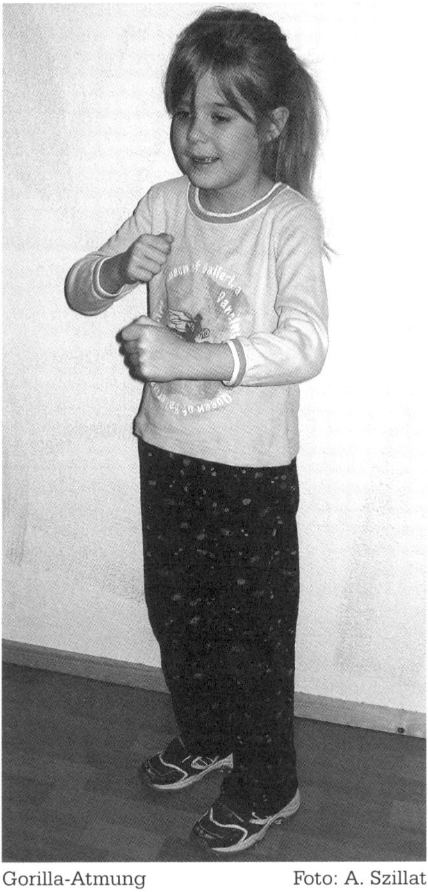

Gorilla-Atmung Foto: A. Szillat

Inhalt

Kapitel 1: Atemspiele und -übungen

Atmen ist Leben! Atmen versorgt unser Gehirn und unseren ganzen Organismus mit Energie und Sauerstoff. In Stress- oder Schocksituationen atmen wir schneller und oberflächlicher als in einer Ruhephase. Beginnen wir dagegen bewusster und ruhiger zu atmen, so beginnen wir uns automatisch zu entspannen und unsere Gedanken beruhigen sich. Die Spiele und Übungen, die sich in diesem Buch mit dem Atmen beschäftigen, machen den Kindern Spaß, bringen ihnen neue Energie, fördern die Entspannung und Selbstwahrnehmung und sind oftmals richtig zum Lachen!

Die Erde unter deinen Füßen!

Alter	*ab 5 Jahren*
Spielform	*Einzel- oder Gruppenspiel*
Material	*wird nicht benötigt*

So geht es

Die Kinder machen es sich auf ihrem Stuhl bequem. Sie sitzen möglichst aufrecht und entspannt. Wichtig ist, dass die Füße nebeneinander fest auf dem Boden stehen.
Der Spielleiter fordert sie nun auf die Augen zu schließen und sagt mit ruhiger und gleichmäßiger Stimme: Und nun schließt die Augen ...
Spürt ihr den festen Boden unter euch?

Unter dem Po ... unter den Beinen ... unter den Füßen ...?
Atmet ganz ruhig ein und aus ... gleichmäßig ein und aus ... und ein und aus ...
Mit jedem Ausatmen werdet ihr ein bisschen schwerer, lasst euch mehr und mehr von der Erde tragen ...
Das Einatmen geschieht von ganz alleine ...
Beim Ausatmen ... lasst ihr mehr los und mehr los ...
Gebt euer Gewicht ab, die Erde trägt euch ...
Einatmen ... ausatmen ... einatmen ... ausatmen ...
Und nun könnt ihr leise dreimal diesen Satz sagen:
„Ich atme ein und aus, ich komme zur Ruhe und bin ganz entspannt."
Genießt diese Entspannung ... schaltet ab ...
Einatmen und ausatmen ... einatmen und ausatmen ...
Und nun kommt langsam wieder hier in diesem Raum an.
Streckt und reckt euch und atmet wieder tiefer ein und aus und ein und aus. Öffnet die Augen.

☞ **Gut zu wissen**

Diese Übung ist gerade für den Schulalltag sehr gut geeignet. Besonders vor Klassenarbeiten oder in Stress- und Streitsituationen lässt sie sich sehr gut einsetzen. Sie vermittelt den Kindern ein Gefühl von Ruhe und Entspannung und lässt sie spüren, wie angenehm es ist, sich tragen zu lassen. Wenn ich mich getragen fühle, fühle ich mich sicher.

Pustesieger

Alter	*ab 5 Jahren*
Spielform	*Partner- oder Gruppenübung*
Material	*Tisch, Klebeband, Wattebausch*

So geht es

Ein Tisch wird mit einem Klebeband in zwei gleich große Hälften aufgeteilt – wie eine Tischtennisplatte. Zwei Mannschaften werden gebildet, die ihre Tischhälfte verteidigen. Das Spiel beginnt, indem der Spielleiter den Wattebausch genau in die Mitte des Spielfeldes legt und das Startzeichen gibt. Jetzt wird gepustet, so doll es nur geht. Jede Mannschaft versucht den Wattebausch auf die Spielfeldseite der gegnerischen Mannschaft zu pusten. Wem es gelingt, der bekommt einen Punkt. Der Spielleiter legt den Wattebausch erneut in die Mitte und es wird weiter gepustet. Welche Mannschaft zuerst fünf Punkte erreicht, hat das lustige Pustespiel gewonnen.

☞ Gut zu wissen

Neben dem Spaß, den die Kinder an diesem Spiel haben, leisten Atemspiele einen grundlegenden Beitrag zu einer verbesserten Atemfunktion und unterstützen die dauerhafte Veränderung der Mundatmung, was sich wiederum positiv auf die Sprachfähigkeit der Kinder auswirkt.

Mein Luftballon

Alter	*ab 5 Jahren*
Spielform	*Partner- oder Gruppenspiel*
Material	*wird nicht benötigt*

So geht es

Jeweils zwei Kinder finden sich zusammen; eines wird zum Luftballon und kauert auf dem Boden. Das andere Kind steht vor ihm und spielt die Luftpumpe, die nun gleich den Ballon aufblasen wird. Doch bevor die Pumpe anfängt, sagt sie: „Luftballon, du bist ganz leeeeer".
Während das Kind das Wort „leer" ausspricht, stößt es seine ganze Luft durch den Mund aus. Anschließend beginnt es zu pumpen f-f-f-f, und pustet dabei das „Luftballonkind" an.
Der Luftballon atmet langsam und tief ein und aus, dabei richtet er sich immer weiter auf, denn er wird ja immer dicker und dicker. Wenn der Ballon ganz aufgeblasen ist, dann platzt er mit einem lauten Knall (laut in die Hände klatschen). Nun wird getauscht und der Ballon wird zur Pumpe und umgekehrt.

☞ Gut zu wissen

Die Kinder erleben den Wechsel zwischen Anspannung und Entspannung. Sie sollten aufgefordert werden, darauf zu achten, wie sie sich in den verschiedenen Situationen fühlen. Anspannung – einatmen ... Entspannung – ausatmen!
Diese An- und Entspannung lässt die Kinder ihren Körper bewusster wahrnehmen.

Hühnerfeder-Flugwettbewerb

Alter	*ab 5 Jahren*
Spielform	*Gruppenspiel*
Material	*eine kleine Feder (am besten aus einem Federkissen)*

So geht es

Die Kinder sitzen eng im Kreis beieinander. Der Spielleiter gibt das Startzeichen und lässt eine winzig kleine Feder über ihren Köpfen schweben. Die Kinder pusten mit voller Kraft, damit die Feder weiter schwebt. Doch Achtung – keiner darf aufstehen.
Ziel ist es, die Feder so lange wie möglich in der Luft schweben zu lassen.
Gewinner bei diesem Flugwettbewerb sind alle Kinder. Flieg Federchen, flieg ...

☞ Gut zu wissen

Atmen an sich muss nicht erlernt werden. Jeder Mensch kann es von Geburt an. Doch je älter wir werden, umso schlechter wird die Atmung. Veränderungen des Brustkorbs durch Fehlhaltungen der Wirbelsäule, Übergewicht oder Verkrampfungen aus seelischen Gründen können das richtige Ein- und Ausströmen der Atemluft behindern. Diese Übung hat sich in der Praxis bewährt, um die richtige Atmung positiv zu beeinflussen.

Wind aus allen Richtungen

Alter	*ab 5 Jahren*
Spielform	*Gruppenspiel*
Material	*Augenbinde, leichte Kleidung*

So geht es

Einem Kind werden die Augen verbunden und es stellt sich in den Kreis der anderen Kinder. Der Spielleiter vereinbart mit Handzeichen, welche Kinder auf sein Kommando hin pusten sollen. Dann beginnen sie gleichzeitig das Kind in der Mitte anzupusten. Gesicht, Beine, Arme, Füße – überall dort, wo das Kind keine Kleidung trägt und den Lufthauch spüren kann. Errät es, wie viele Kinder gepustet haben, darf es aus der Mitte heraus und ein anderes Kind ist an der Reihe.

☞ **Gut zu wissen**

Spielerisch wird die eigene Körperwahrnehmung gefördert.

Bauchatmung

Alter	*ab 5 Jahren*
Spielform	*Einzel- oder Gruppenspiel*
Material	*weiche Unterlage*

So geht es

Das Kind oder die Kinder liegen bei dieser Übung auf dem Rücken. Die Hände liegen auf dem Bauchnabel und die Kinder spüren, wie über die Nase der Atem bis zum Bauch hinunterfließt. Ziel dieser Übung ist es, dass sich beim Einatmen der Bauch anhebt, der Atem wie eine Welle über die Brust in den Schulterbereich hinaufrollt und die Atemluft schließlich kraftvoll durch den geöffneten Mund ausströmt.

Variante:

Die Kinder gehen langsam durch den Raum und üben gleichzeitig das Bauchatmen.

☞ **Gut zu wissen**

Diese Atemübung entspannt das zentrale Nervensystem, fördert die Erdung und Zentrierung und steigert die Aufmerksamkeit. Zur Unterstützung können Sie anfangs eine Hand auf die Hand des Kindes legen und beim Ausatmen leichten Druck auf den Bauch ausüben. Begleitende Entspannungsmusik als Unterstützung macht das Atmen noch gleichmäßiger und rhythmischer. Durch das Bauchatmen wird die blockierte Atmung wieder natürlich, sodass mehr Sauerstoff für Denken, Sprechen und Bewegung zur Verfügung steht.

Ha-Ho-Hi-Atmung

Alter	*ab 5 Jahren*
Spielform	*Einzel- oder Gruppenspiel*
Material	*wird nicht benötigt*

So geht es

Die Kinder stellen sich mit geschlossenen Beinen hin. Sie schließen die Augen. Dann umfassen sie mit beiden Händen ein Knie und ziehen es an die Brust. Dabei atmen sie gleichzeitig mit einem kräftigen „Ha“ oder „Ho“ oder „Hi“ aus. Dann wird das Bein gewechselt. Die Übung soll ungefähr zehnmal wiederholt werden, so schnell oder langsam, wie die Kinder es mögen.

☞ **Gut zu wissen**

Bevor die Kinder mit der Übung beginnen, können sie sich fragen, was sie gerne loswerden möchten: zum Beispiel Wut, Ärger, Traurigkeit, Kummer, Müdigkeit ...

Wenn die Kinder möchten, können sie über das Gefühl sprechen; aber wirklich nur wer möchte. Beim Ausatmen sollen die Kinder dann an das belastende Gefühl denken und sich vorstellen, wie sie es mit jedem lauten „Ha“ oder „Ho“ oder „Hi“ wieder loswerden. Mit jedem Mal fühlen sie sich besser.

❦

Gorilla-Atmung

Alter	*ab 5 Jahren*
Spielform	*Einzel- oder Gruppenspiel*
Material	*wird nicht benötigt*

So geht es

Die Kinder stehen aufrecht, die Beine sind geschlossen. In Gedanken verwandeln sie sich nun in einen starken und großen Gorilla. Sie strecken die Arme seitlich aus und atmen tief ein, beim

Ausatmen brüllen sie laut und kräftig, wie ein Gorilla, dabei trommeln sie sich mit beiden Fäusten auf den Brustkorb. So oft wiederholen, wie es Spaß macht.

☞ **Gut zu wissen**
Durch das Trommeln auf die Brust wird die Thymusdrüse angeregt, die für die Produktion von Abwehrkräften zuständig ist.

Biene Maja

Alter	*ab 5 Jahren*
Spielform	*Einzel- oder Gruppenspiel*
Material	*wird nicht benötigt*

So geht es
Der Kinder sitzen im Raum und der Spielleiter beginnt die Geschichte von der frechen Biene Maja zu erzählen: Ihr fühlt euch ganz schlapp und unbeweglich, sitzt einfach nur da und könnt euch nicht rühren. Nur eure Augen, die Lippen, das ganze Gesicht und alle anderen Muskeln, die sich dort befinden, könnt ihr bewegen. Plötzlich kommt die freche Biene Maja angeflogen. Sie surrt laut durchs Zimmer. Ihr verfolgt sie mit den Augen. Maja fliegt in alle Richtungen, von oben nach unten – von rechts nach links – von links nach rechts – im Kreis – kreuz und quer – und hin und her – jetzt fliegt sie das Muster der liegenden Acht und kreist schließlich direkt vor eurem Gesicht herum. Zuerst fliegt

sie eine große Runde rechts herum – jetzt eine große Runde links herum. Ihr lasst sie dabei nicht aus den Augen, aber nicht vergessen, den Kopf könnt ihr nicht bewegen ... Plötzlich hat die freche Biene Maja genug vom Kreisefliegen und ist verschwunden – ihr könnt sie nicht mehr sehen. Dafür spürt ihr sie, denn sie läuft direkt über euer Gesicht. Das kitzelt ganz doll – kaum auszuhalten ist das ... Aber ihr könnt euch ja nicht bewegen, um die freche Biene zu verjagen. Jetzt setzt sie sich auch noch auf eure Stirn. Was für ein Glück, dass ihr dort eure Muskeln bewegen könnt – runzelt die Stirn – zieht sie kraus – immer wieder, bis es euch schließlich gelungen ist, die freche Maja zu vertreiben. Geschafft! Doch schon kommt sie wieder angesaust und platziert sich direkt auf eure linke Wange. Versucht sie zu verjagen. Zuckt mit den Muskeln in der linken Backe. Auch das ist euch gelungen, nur jetzt sitzt sie auf der rechten Wange. Verjagt sie – zuckt mit euren Muskeln in der rechten Wange. Geschafft, aber was ist das? – Nun ist sie einfach überall in eurem Gesicht! Schnell, bewegt euer Gesicht so sehr es nur geht, zuckt mit allen Muskeln, so lange und heftig, bis die freche Biene schließlich wegfliegt. Endlich geschafft, was für eine Wohltat! Doch was ist das? Die freche Biene Maja hat sich mitten auf eure Nasenspitze gesetzt. Ihr rührt euch nicht, sitzt völlig unbeweglich da, kein Muskel zuckt in eurem Gesicht. Dann holt ihr tief Luft, schiebt dabei eure Unterlippe so weit vor, wie ihr könnt, und atmet mit einem kräftigen Stoß aus. Schwupp ... die Biene Maja ist so erschrocken, dass sie sofort das Weite sucht und beschließt euch für heute aus dem Weg zu gehen. Ihr habt es geschafft!

☞ **Gut zu wissen**

Tolles Training für die Augen. Außerdem wird den Kindern durch dieses Spiel bewusst, wie viele Muskeln sich in ihrem Gesicht befinden und welche Möglichkeiten sie haben, das Gesicht zu bewegen. Der ganze Kopf wird durch die Bewegung der Muskeln durchblutet und das Gehirn wird mit reichlich Sauerstoff versorgt.

❦

Windkind

Alter	*ab 5 Jahren*
Spielform	*Einzel- oder Gruppenspiel*
Material	*wird nicht benötigt*

So geht es

Die Kinder stehen im Kreis. Ein Kind spielt den Wind und steht in der Mitte. Bis auf das Windkind schließen alle die Augen und strecken die Hände aus. Das Windkind geht leise im Kreis herum. Es bleibt vor einem Kind stehen und pustet leicht gegen seine ausgestreckten Hände. Das Windkind atmet dazu tief ein und langsam aus. Die anderen Kinder müssen gut auf ihre Hände achten, denn wenn sie den Lufthauch spüren, öffnen sie die Augen und werden selbst zum Windkind. Einatmen – langsam ausatmen – ganz sanft und gleichmäßig.

☞ **Gut zu wissen**
Bewusstes Atmen versorgt das Gehirn und den ganzen Organismus mit Sauerstoff und sorgt so für neue Energie. Außerdem verbessert dieses Spiel die Körperwahrnehmung.

Fliegeratmung

Alter *ab 5 Jahren*
Spielform *Einzel- oder Gruppenspiel*
Material *wird nicht benötigt*

So geht es
Die Kinder stehen aufrecht im Raum. Sie benötigen ausreichend Platz, damit sie ihre Arme weit zu den Seiten ausstrecken können. Nun erzählt der Spielleiter die Geschichte von dem Flieger.
Die Kinder strecken beide Arme zur Seite aus und atmen dabei tief ein, beim Ausatmen schweben sie wie ein Flieger durch den Raum.
Die Kinder atmen weiter gleichmäßig ein und aus. Während der Spielleiter die Geschichte erzählt, „fliegen" die Kinder (in ihrer Fantasie) durch den Raum.
Wir starten und fliegen zu einem hohen Berg – angekommen – jetzt umrunden wir den großen Berg – immer wieder – immer schneller – könnt ihr die weiße Schneespitze sehen?
Nun fliegen wir weiter – vor uns liegt schon das weite Meer – könnt ihr die Delfine im Wasser springen sehen? ... Für den weiteren Flug sind

der Fantasie keine Grenzen gesetzt. Doch nicht vergessen – immer schön einatmen und wieder ausatmen – und einatmen und ausatmen ...

☞ **Gut zu wissen**

Ein tolles Spiel, das die gleichmäßige Atmung anregt und zugleich auf eine spannende Fantasiereise entführt.

Kuh-Stopp

Alter	*ab 5 Jahren*
Spielform	*Einzel- oder Gruppenspiel*
Material	*wird nicht benötigt*

So geht es

Die Kinder stehen aufrecht im Raum. Der Spielleiter erzählt die Geschichte von der Kuhherde, die ausgebrochen ist. Nur mit dem Atem können die Kinder sie aufhalten. Einatmend heben die Kinder die Hände in Brusthöhe, die Ellbogen sind angewinkelt, die Handinnenflächen zeigen nach vorne. Ausatmend (wer möchte mit einem lauten, langgezogenen „Muuuuuhhh!") strecken alle die Arme weit nach vorne aus. Das Ganze wird einige Male wiederholt, bis die Kuhherde zum Stehen gekommen ist.

☞ **Gut zu wissen**

Auch hier geht es wieder um das bewusste Atmen. Tief einatmen und langsam wieder ausatmen. Durch die Armbewegung spüren die Kinder den Unterschied zwischen Anspannung und Entspannung.

Wissenswertes

Die Luft gehört zu den Lebensgrundlagen für Mensch, Tier und Pflanze. So kann der Mensch ohne Essen etwa 40 Tage, ohne Trinken nahezu fünf Tage, ohne Luft aber nur wenige Minuten überleben.

Samenkorn wachse!

Alter	*ab 5 Jahren*
Spielform	*Einzel- oder Gruppenspiel*
Material	*wird nicht benötigt*

So geht es

Die Kinder stehen im Kreis zusammen. In der Mitte hockt ein Kind und spielt das Samenkorn. Die im Kreis stehenden Kinder sind die Sonnenstrahlen, die durch ihre Wärme das kleine Samenkorn in der Erde wachsen lassen. Sie atmen tief ein und strecken beim Ausatmen ihre Hände, mit gespreizten Fingern, zu dem Samenkorn hin. Dieses wird umso größer, je mehr die Sonnenstrahlen ihn wärmen und wachsen lassen. Einatmen – ausatmen – einatmen ...

☞ **Gut zu wissen**

Kinder brauchen im wahrsten Sinne des Wortes Atempausen, um verbrauchte Energien wieder aufzuladen. Dazu eignet sich diese kurze und mit wenig Aufwand verbundene Spielmöglichkeit besonders gut.

Wissenswertes

Zu den Fehlatmungen gehört die Brustatmung. In Extremsituationen kann sie sinnvoll sein, denn dann liefert sie dem Körper viel Sauerstoff und letztlich Energie, man nennt sie deshalb auch „Fluchtatmung". Dabei sorgen Zwischenrippenmuskeln dafür, dass das Volumen des Brustkorbs beim Einatmen zunimmt und beim Ausatmen abnimmt. Auf lange Sicht kann Brustatmung zu Beklemmungsgefühlen und Kurzatmigkeit führen. Spielerische Atemübungen verhelfen den Kindern zu einer besseren „Kontrolle" ihrer Atmung.

Überkreuzklatschen Foto: A. Szillat

Kapitel 2: Spiele mit Überkreuzbewegungen

Lernen geschieht nicht nur im Kopf – Lernen und auch Denken, Intelligenz und Kreativität sind nicht nur Abläufe, die im Gehirn stattfinden, sondern im ganzen Körper. Auch unsere Gefühle, Empfindungen und Bewegungen gründen in unserem Körper.

Deshalb können menschliche Qualitäten, die wir dem Gehirn zuordnen, nie getrennt vom Körper existieren. Das Großhirn besteht aus zwei Hälften. Während die linke Hälfte als die analytische bezeichnet wird, spricht man bei der rechten von der ganzheitlichen, kreativen Gehirnhälfte. Jede der beiden Hemisphären hat unterschiedliche Aufgaben. Die linke, analytische Hälfte ist zuständig für Einzelheiten, Zahlen, Buchstaben, Strukturen, Planung, Unterschiede, folgerichtiges Denken, Analyse, Buchstaben- und Satzkonstruktionen. Die rechte, ganzheitliche ist für Überblick, Bilder, Gefühle, Spontanität, Ähnlichkeiten, gleichzeitiges Handeln und Denken, Intuition, Rhythmus und Dialektik verantwortlich. Grundsätzlich werden immer beide Gehirnhälften benutzt, eine der beiden ist jedoch die bevorzugte Seite, die vor allem bei spontanen Handlungen entscheidet, wie eine Information aufgenommen wird. Oftmals kann man Menschen unterscheiden, die die rechte Hälfte bevorzugt einsetzen oder die linke Hirnhälfte vorrangig benutzen. Nach zahlreichen Untersuchungen konnte festge-

stellt werden, dass das Gehirnpotential optimiert werden kann, wenn beide Gehirnhälften eingesetzt werden. Und tatsächlich ist es möglich, gezielt die Zusammenarbeit der beiden Hirnhälften zu trainieren. Dies kann durch bestimmte Bewegungen, den Überkreuzbewegungen, erreicht werden.
Sämtliche Spiele und Übungen in diesem Kapitel beinhalten verschiedene Varianten der Überkreuzbewegungen und führen zu einer besseren Harmonisierung der beiden Hemisphären. Außerdem machen sie richtig Spaß, verbessern das Körpergefühl und entsprechen einem der natürlichen Bedürfnisse der Kinder – der körperlichen Bewegung!

Ich lege die rechte Hand ...

Alter	*ab 6 Jahren*
Spielform	*Gruppenspiel*
Material	*eventuell Musikanlage*

So geht es

Die Kinder stehen oder sitzen im Raum verteilt. Nun sagt der Spielleiter zum Beispiel: „Lege die rechte Hand ans linke Ohr!" oder „Lege den linken Daumen an deine rechte Schulter!" oder „Berühre mit deiner rechten Hand den linken großen Zeh!" und so weiter. Wichtig dabei ist, dass die Berührungen der einzelnen Körperteile immer „über Kreuz" durchgeführt werden. So lange spielen, wie die Kinder Lust haben.

☞ **Gut zu wissen**

Dieses Überkreuzspiel eignet sich besonders gut für impulsive Kinder. Sie lernen weniger impulsiv vorzugehen. Erst nachdenken – dann handeln!

Varianten:

1) Mit Musik macht´s noch mehr Spaß! Zu Musik laufen die Kinder durch den Raum. Stoppt die Musik, ruft der Spielleiter zum Beispiel: „Linke Hand an rechtes Ohr" oder „Rechter Daumen an linkes Knie". Jedes Kind führt die Anweisung durch. Beginnt die Musik wieder, geht das Spiel von vorne los.

2) Die Kinder spielen paarweise. Stoppt die Musik, dann legt das eine Kind zum Beispiel seinen linken Daumen an das linke Ohr des anderen Kindes und umgekehrt. Lustige Verrenkungen sind dabei garantiert!

Der Sechs-Schritte-Tanz

Alter	*ab 5 Jahren*
Spielform	*Einzel- oder Gruppenspiel*
Material	*Musikanlage*

So geht es

Die Kinder stehen verteilt im Raum, sodass jedes Kind ausreichend Platz zur Verfügung hat. Nun erklärt der Spielleiter die Tanzbewegungen.
Zuerst berührt die rechte Hand das linke Knie

– linke Hand berührt den rechten Oberschenkel – rechte Hand berührt die linke Ferse hinter dem Körper – dann berührt die linke Hand das rechte Knie – rechte Hand berührt den linken Oberschenkel – linke Hand berührt die rechte Ferse. Dieser Bewegungsablauf wird einige Male wiederholt, bis sich die Reihenfolge automatisiert hat.
Und nun kann der Tanz auch schon beginnen. Die Musik wird angestellt und die Knie, Oberschenkel und Füße werden im Takt dazu berührt. Das kann mal ein schneller Rhythmus sein oder auch ein ganz langsamer – je abwechslungsreicher, desto mehr Spaß haben die Kinder an diesem Tanz und umso mehr sind sie gefordert, ihre Bewegungen den unterschiedlichen Rhythmen anzupassen.

☞ **Gut zu wissen**

Mit diesem Tanz lassen sich Rhythmus, Koordination und spontane motorische Reaktionen trainieren. Außerdem ist dieser Sechs-Schritte-Tanz besonders geeignet für Kinder, die häufig rechts und links verwechseln oder überhaupt mit dem Richtungssinn Probleme haben.

Krabbelmikado

Alter	*ab 5 Jahren*
Spielform	*Einzel-, Partner- oder Gruppenspiel*
Material	*mindestens zwei Zollstöcke, eventuell Musikanlage*

So geht es

Zwei Zollstöcke werden komplett ausgeklappt und in der Mitte in einem 90-Grad-Winkel abgewinkelt. Dann werden sie so ineinander verschränkt hingestellt, dass sie ein Zelt mit vier Stützen darstellen. Es wird die gleiche Anzahl von „Zelten" im Raum verteilt aufgestellt, wie Kinder anwesend sind. Nun verwandeln sich alle Kinder in Krabbeltiere: Sie begeben sich in den Vierfüßlerstand und krabbeln durch den Raum. Wenn der Spielleiter ruft: „Alle Tiere krabbeln in ihre Zelte!", suchen sich die Kinder blitzschnell eine „Zollstockunterkunft" und krabbeln untendurch. Doch das Zelt darf nicht umfallen, sonst ist man ausgeschieden.

☞ Gut zu wissen

Krabbeln fördert die Zusammenarbeit der linken und rechten Gehirnhälften. Außerdem schult dieses Krabbelspiel die körperliche Wahrnehmung.

Variante:

Wie oben beschrieben werden die Zollstockzelte aufgestellt und die Kinder krabbeln umher. Diesmal steht jedoch ein Zelt weniger als die Anzahl der Kinder im Raum verteilt. Ruft der Spielleiter:

„Alle Krabbeltiere schnell in ihre Zelte!“, sucht sich jedes Kind ein Zelt. Das Kind, das kein freies Zelt mehr erwischt hat, scheidet aus. Nach jeder Spielrunde wird ein Zelt abgebaut. Gewonnen hat, wer das letzte Zelt besetzt hat. Diese Variante kann auch mit Musik gespielt werden. Stoppt die Musik, müssen die Kinder schnell versuchen ein Zelt zu erreichen.

Über Kreuz tanz ich mit dir ...

Alter	*ab 6 Jahren*
Spielform	*Partner- oder Gruppenspiel*
Material	*wird nicht benötigt*

So geht es

Es finden sich jeweils zwei Kinder zu einem Paar zusammen.

Nach der volkstümlichen Melodie von „Brüderchen, komm tanz mit mir ...“ wird gemeinsam das Lied gesungen. Passend dazu führen die Kinder die Bewegungen aus.

Melodie: volkstümlich, Text: Antje Szillat

Über Kreuz tanz ich mit dir,
beide Hände reich ich dir.
Rechts zu rechts, links zu links.
Über Kreuz das ist nicht schwer.

Hey, das hat viel Spaß gemacht,
echt, das hast du fein gemacht.

Nochmal links und dann rechts.
Über Kreuz, das ist nicht schwer.

☞ **Gut zu wissen**

Überkreuzbewegungen wecken alle Lebensgeister. Augen, Ohren, Hände und Füße können dadurch gleichzeitig und besser zusammenarbeiten!

Tunnelkriechen

Alter	*ab 4 Jahren*
Spielform	*Gruppenspiel*
Material	*wird nicht benötigt*

So geht es

Die Kinder stellen sich in zwei Mannschaften mit gegrätschten Beinen dicht hintereinander auf und bilden jeweils einen Tunnel. Auf das Signal des Spielleiters hin drehen sich die Kinder, die vorne stehen, blitzschnell um, bücken sich und krabbeln durch den Tunnel nach hinten, um sich gleich wieder aufzustellen. Sobald der Spieler, der als Erstes durch den Tunnel gekrochen ist, wieder ganz vorne steht, ist das Spiel beendet und die schnellere Mannschaft hat gewonnen.

☞ **Gut zu wissen**

Von großer Bedeutung für das Lernen ist auch das Zusammenspiel der beiden Gehirnhälften, das in der Edu-Kinestetik berücksichtigt und gefördert wird, zum Beispiel durch die Überkreuzbewegungen. Krabbeln entspricht dem Bewegungsablauf der Überkreuzbewegung.

Häschen, Häschen, krabbel mit mir

Alter	*ab 4 Jahren*
Spielform	*Gruppenspiel*
Material	*wird nicht benötigt*

So geht es

Die Kinder bilden sitzend einen engen Kreis und halten die Köpfe nach vorne gesenkt. Ein Kind krabbelt außen herum, klopft einem im Kreis sitzenden Kind auf den Rücken und ruft: „Häschen, Häschen, krabbel mit mir!“ Blitzschnell krabbelt es um den Kreis herum, verfolgt von dem Kind, dem es auf den Rücken geklopft hat. Wird das erste Kind gefangen, so muss es in den Kreis und das andere Kind setzt das Spiel fort.

☞ **Gut zu wissen**

Krabbeln fördert die Integration und Koordination aller Sinne, die Denkfähigkeit und die fein- und grobmotorische Geschicklichkeit.

Variante:

Bei diesem Spiel können die Kinder auch laufen, auf einem oder mit beiden Beinen hüpfen.

Liegender Reiter

Alter *ab 6 Jahren*
Spielform *Gruppenspiel*
Material *wird nicht benötigt*

So geht es

Jeweils zwei Kinder krabbeln ganz dicht beieinander vorwärts. Ein drittes Kind liegt bäuchlings oder rücklings quer auf den Rücken der beiden Kinder und lässt sich umhertragen.

Variante:

Wie oben beschrieben tragen zwei Kinder ein drittes. Nun wird ein Wettrennen daraus, bei dem mindestens zwei Dreiergruppen an den Start gehen. Wer zuerst ein vorher festgelegtes Ziel erreicht, hat gewonnen. Aber aufgepasst, fällt der „liegende Reiter“ herunter, ist dieses Dreigespann ausgeschieden. Und nun „Auf die Plätze ... fertig ... los!“

☞ **Gut zu wissen**

Krabbeln ist von großer Bedeutung für die Bewegungsentwicklung eines Kindes. Daher sollten Kinder ausgiebig und so lange wie möglich krabbeln. Dieses schnelle „Krabbelspiel“ bereitet selbst Teenagern noch Freude!

Dreh dich nicht um, der Plumpsack geht um ...

Alter *ab 5 Jahren*
Spielform *Gruppenspiel*
Material *kleiner Stoffsack oder geknotetes Tuch*

So geht es

Die Kinder sitzen eng im Kreis und haben leicht die Köpfe in die Mitte gesenkt. Sie singen: „Dreh dich nicht um, der Plumpsack geht um! Wer sich umdreht oder lacht, kriegt den Buckel blau gemacht!“ Um den Kreis herum krabbelt ein weiteres Kind mit einem Sack in der Hand. Heimlich und ganz leise lässt es hinter einem im Kreis sitzenden Kind den Sack fallen und krabbelt ruhig weiter. Bemerkt das Kind den Sack hinter sich, krabbelt es blitzschnell mit dem Sack in der Hand hinter dem ersten Kind her und versucht es abzuschlagen, bevor dieses den leer gewordenen Platz erreicht hat. Kann sich dieses in die Lücke retten, ist der Verfolger an der Reihe. Bemerkt ein Kind den Sack hinter sich nicht, klopft ihm das außen herum krabbelnde Kind nach einer Runde auf den Rücken und das sitzende Kind ist als nächstes an der Reihe.

Überkreuzklatschen

Alter *ab 4 Jahren*
Spielform *Partnerspiel*
Material *wird nicht benötigt*

So geht es

Zwei Kinder finden sich zu einem Paar zusammen und setzen oder stellen sich einander gegenüber. Ihre Hände sind erhoben. Langsam beginnen sie zu klatschen und werden immer schneller:

1) In die eigenen Hände ...
2) mit der rechten Handfläche auf die rechte Handfläche des Gegenübers ...
3) in die eigenen Hände ...
4) mit der linken Handfläche auf die linke Handfläche des Gegenübers ...
5) in die eigenen Hände ...
6) mit beiden Handflächen auf beide Handflächen des Gegenübers.

☞ **Gut zu wissen**

Durch das Überkreuzklatschen wird das Überkreuzen der Mittellinie spielerisch geübt. Außerdem wird die Hand-Augen-Koordination – die unerlässlich für den Schreibvorgang ist – gefördert.

Variante:

Überkreuzklatschen kann jedes Kind auch ganz für sich alleine machen.
Im Sitzen oder Stehen zuerst

1) in die eigenen Hände klatschen ...
2) mit der rechten Hand auf den linken Oberschenkel klatschen ...
3) wieder in die eigenen Hände klatschen ...
4) mit der linken Hand auf den rechten Oberschenkel klatschen ...
5) noch mal in die eigenen Hände ...
6) und zum Abschluss mit beiden Händen auf beide Oberschenkel.

☞ **Gut zu wissen**

Wenn man beim Klatschen einen begleitenden Reim spricht, wird zusätzlich die Gehirnintegration gefördert. Reime werden oftmals in der Sprachförderung eingesetzt. Sie sprechen die rechte Gehirnhälfte, die für Rhythmus und Melodie zuständig ist, an sowie – durch das gesprochene Wort – die linke Hälfte, da diese hauptsächlich für die Sprache zuständig ist. Reime gibt es in großer Zahl. Wer erinnert sich nicht an „Bei Müllers hat´s gebrannt"? Natürlich können sich die Kinder auch selbst neue Reime einfallen lassen.

Klatschreime:

Bei Müllers hat´s gebrannt ... brannt ... brannt,
da bin ich schnell gerannt ... rannt ... rannt.
Da kam ein Polizist ... zist ... zist,
der schrieb mich auf die List ... List ... List.
Die List fiel in den Dreck ... Dreck ... Dreck,
da war mein Name ... weg ... weg ... weg.
Da lief ich schnell ins Haus ... Haus ... Haus

zu meinem Onkel Klaus ... Klaus ... Klaus.
Der lag ja schon im Bett ... Bett ... Bett
mit seiner Frau Elisabeth.
Elisabeth, die schämte sich
und zog die Decke über sich.
Die Decke hat ein Loch ... Loch ... Loch,
da sah man sie ja doch ... doch ... doch.
Da lief ich in den 1. Stock.
Da lief ich in den 2. Stock.
Da lief ich in den ...
Da lief ich in den 10. Stock.
Da saß ein Mann im Unterrock.

1, 2, 3, 4 Draaaacula,
5, 6, 7, 8 Draaaacula
erwacht, erwacht um Mitternacht!
Die Uhr schlägt zwölf,
man hört es schon,
der Dracula am Telefon.
Da wackelt das Gebiss.
Da wackelt das Gebein.
Die Leichen ziehn am Friedhof vorbei.
Der Priester geht im Minirock.
Die Leichen kriegen einen Schock.
Die Tür geht zu,
der Saal ist voll.
Die Leichen tanzen Rock ´n´ Roll.

Wir sagen no ... no ... no,
wir sagen si ... si... si,
wir sagen no,
wir sagen si,

wir sagen: em pom pie kolonie kolonastik
em pom pie kolonie
akademi
safari
akademi puffpuff!

Und der Seppel ... Seppel ... Seppel
klaut die Äppel ... Äppel ... Äppel
und Radieschen ... dieschen ... dieschen
für das Lieschen ... Lieschen ... Lieschen
Und der Koch ... Koch ... Koch
fiel ins Loch ... Loch ... Loch,
aber tief ... tief ... tief,
sodass er rief ... rief ... rief:
„Liebe Frau ... Frau ... Frau,
hol mich raus ... raus ... raus
mit dem Schuh ... Schuh ... Schuh.
Bist `ne olle blöde Kuh!"

Adam und Eva saßen aufm Sofa,
Sofa krachte, Adam lachte, Eva schrie wie noch nie.
Da kam der Doktor Rolle ... Rolle ... Rolle
mit seiner Schwester Kille ... Kille ... Kille,
mit seinem Bruder Box ... Box ... Box,
der aussah wie ein Ochs ... Ochs ... Ochs.
Die Affen auf der Straße machen bäh ... bäh ... bäh.
Die Affen auf der Straße machen bäh ... bäh ... bäh.
Die Affen auf der Straße machen bäh!

Vierfüßlerfußball

Alter *ab 6 Jahren*
Spielform *Gruppenspiel*
Material *Fußball oder Gymnastikball*

So geht es

Die Kinder teilen sich in zwei Mannschaften auf. Dann wird das Spielfeld bestimmt und die beiden Tore eingerichtet. Schon kann das lustige Fußballspiel beginnen – aber nicht auf zwei Beinen, sondern im Vierfüßlerstand, also krabbelnd! Sieger ist die Mannschaft, die nach einer zuvor festgelegten Zeit die meisten Tore geschossen hat. Geschossen werden darf mit allen vieren und dem Kopf.

Variante:

Anstelle des Fußballs kann auch ein großer Gymnastikball genommen werden. Bei dieser Variante dürfen die Kinder den Ball nur mit dem Kopf vorwärtsbewegen.

Über Kreuz mit Musik

Alter *ab 5 Jahren*
Spielform *Einzel- oder Gruppenspiel*
Material *Musikanlage*

So geht es

Die Kinder gehen, tanzen, laufen wie unten beschrieben zu Musik durch den Raum. Wird die Musik leiser, müssen sie eine andere Variante –

die der Spielleiter ansagt – ausführen. Stoppt die Musik, gefrieren die Kinder zu Eis und dürfen sich nicht mehr bewegen.

☞ **Gut zu wissen**

Bei diesem Spiel gibt es weder Gewinner noch Verlierer, hierbei geht es vielmehr um die Lust an der Bewegung. Die Überkreuzbewegungen können stehend, gehend, laufend oder tanzend durchgeführt werden.

Varianten:

1. Gleichzeitig rechten Arm und linkes Bein bewegen; rechte Hand berührt das linke Knie. Gleichzeitig linken Arm und rechtes Bein bewegen; linke Hand berührt rechtes Knie. Im Wechsel langsame Wiederholungen. Es kommt darauf an, mit dieser Bewegung immer wieder die Mittellinie des Körpers zu überqueren.

2. Beim Überkreuzen mit dem rechten Ellbogen das linke Knie berühren und umgekehrt.

3. Beim Überkreuzen mit der rechten Hand den linken Fuß berühren und umgekehrt.

4. Beim Überkreuzen mit der rechten Hand hinter dem Po den linken Fuß berühren und umgekehrt.

5. Beim Überkreuzen die linke Hand über den Kopf heben und den rechten Fuß seitlich vor

dem linken Bein anheben (wie eine Tänzerin) und umgekehrt.

6. Linken Arm weit nach vorne strecken und dabei rechtes Bein weit nach hinten strecken und umgekehrt.

7. Linken Arm zur Seite ausstrecken und dabei gleichzeitig rechtes Bein zur anderen Seite ausstrecken und umgekehrt.

8. Eigene Varianten einfallen lassen!

☞ **Gut zu wissen**
Überkreuzbewegungen verbessern – unter anderem – die Rechts-Links-Koordination!

Partner-Überkreuzschritt

Alter	*ab 6 Jahren*
Spielform	*Partner- oder Gruppenspiel*
Material	*wird nicht benötigt*

So geht es
Jeweils zwei Kinder finden sich zu einem Paar zusammen. Sie stehen nebeneinander und fassen sich mit den Händen über Kreuz an. Nun gehen sie gemeinsam geradeaus, dabei beginnen sie mit dem linken Fuß und machen einen Schritt über Kreuz vorwärts, also so, dass der linke Fuß rechts vor dem rechten Fuß auftritt. Danach schwingt

der rechte Fuß nach vorn über den linken Fuß, dann wieder der linke Fuß über den rechten und so weiter. So bewegen sich die Kinder durch den Raum, solange sie Lust dazu haben.

☞ **Gut zu wissen**

Diese Übung schult die Wahrnehmung und den Gleichgewichtssinn. Die Bewegungen müssen gut aufeinander abgestimmt sein. Die Kinder helfen sich gegenseitig das Gleichgewicht zu halten.

Variante:

Wie wär´s denn mal mit einem Wettrennen im Kreuzschritt? Herzhaftes Lachen ist dabei ganz gewiss! Die einzelnen Paare stehen nebeneinander an einer zuvor festgelegten Startlinie. Auf ein Startzeichen vom Spielleiter hin bewegen sich die Paare im Partner-Kreuzschritt vorwärts. Das Paar, das als erstes das Ziel erreicht hat, gewinnt das Wettrennen.

Armer schwarzer Kater

Alter	*ab 4 Jahren*
Spielform	*mindestens 4 Kinder*
Material	*wird nicht benötigt*

So geht es

Die Kinder sitzen im Stuhlkreis oder auf dem Boden. Ein Kind wird ausgewählt und spielt den schwarzen Kater. Es krabbelt in der Mitte des Stuhlkreises herum und maunzt und jammert

dabei herzergreifend. Nun wählt es sich ein Kind aus. Das ausgewählte Kind muss dem Kater dreimal über den Kopf streicheln und dabei dreimal sagen: „Armer schwarzer Kater ..."
Der Kater gibt sich nun die allergrößte Mühe, so kläglich und jämmerlich oder vielleicht auch lustig auszusehen, dass das streichelnde Kind lachen muss. Doch wer lacht wird selbst zum „armen schwarzen Kater", der in der Mitte herumkrabbeln muss.

☞ **Gut zu wissen**
Dieses Spiel macht Spaß, sorgt garantiert für Lacher und fördert durch die Krabbelbewegung die Zusammenarbeit der beiden Gehirnhälften.

Mein rechter Platz ist frei

Alter	*ab 6 Jahren*
Spielform	*Gruppenspiel*
Material	*eventuell Stühle*

So geht es
Die Kinder sitzen im Stuhlkreis oder auf dem Boden. Es gibt einen Platz mehr als Kinder, die mitspielen. Nun eröffnet das Kind, welches links von dem freien Platz sitzt, die Spielrunde und sagt: „Mein rechter Platz ist frei, da wünsche ich mir den/die ... herbei!"
Das angesprochene Kind fragt: „Und wie soll ich herkommen?"

Das erste Kind gibt nun zum Beispiel zur Antwort: „Krabbeln!“ oder „Überkreuzschritt vorwärts!“ oder nennt eine der anderen Varianten. Daraufhin wechselt das Kind seinen Platz in der gewünschten Fortbewegungsart. So ist wieder ein Platz frei geworden und das Spiel beginnt von Neuem. So lange spielen, wie die Kinder Spaß daran haben.

Varianten:

Weitere Varianten der Überkreuzbewegung sind unter „Varianten“ bei dem Spiel „Über Kreuz mit Musik“ zu finden

☞ **Gut zu wissen**

Durch die Überkreuzbewegungen wird unter anderem erfolgreiches Lernen leichter möglich. (Edu-Kinestetik)

Luftballon-Kracher

Alter	*ab 5 Jahren*
Spielform	*Gruppenspiel*
Material	*Luftballons und dünne Schnüre – am besten aus Wolle, Musikanlage*

So geht es

Jedes Kind erhält einen Luftballon. Den Ballon bläst es auf und bindet ihn dann mit der dünnen Schnur um seinen Knöchel. Der Spielleiter stellt die Musikanlage an und die Kinder beginnen sich in Überkreuzbewegungen durch den Raum zu bewegen. So gehen sie auf Luftballonjagd und versuchen die Ballons der anderen Kinder zu zertreten. Doch gleichzeitig müssen sie darauf achten, dass der eigene Luftballon nicht zertreten wird. Wem es gelingt, seinen Ballon so lange zu verteidigen, bis er als Einziger übrig bleibt, hat das rasante Spiel gewonnen.

☞ **Gut zu wissen**

Bewegung macht Spaß. Und zusätzlich wird durch dieses Spiel die Aufmerksamkeit und Konzentration gefördert. Die Kinder sind aufgefordert auf drei Dinge zugleich zu achten. Ballons zertreten, den eigenen Ballon verteidigen und das Ganze auch noch in der Überkreuzbewegung. Ein wirkliches Hochleistungstraining für Gehirn und Körper.

❦

Über Kreuz zur Rettungsinsel

Alter	*ab 5 Jahren*
Spielform	*Gruppenspiel*
Material	*wird nicht benötigt*

So geht es

Die Kinder bewegen sich in der Überkreuzbewegung vorwärts. Linker Arm gleichzeitig mit rechtem Bein, dabei mit der Hand das hochgezogene Knie berühren und umgekehrt. Der Spielleiter erzählt eine Geschichte: Die Kinder sind kleine Käfer, die sich nur auf diese merkwürdige Art fortbewegen können. Sie leben auf einer bunten Wiese und laufen den ganzen Tag geschäftig hin und her. Plötzlich kommt ein starker Regen und alles wird überschwemmt. Die Kinder müssen nun schnell die Rettungsinsel erreichen und sich in Sicherheit bringen, natürlich in der Überkreuzbewegung. Doch die „Rettungsinsel“ wird jedes Mal neu bestimmt. Mal ist sie unter den Tischen, mal auf den Tischen oder auch hinter der Tür. Der Fantasie sind hierbei keine Grenzen gesetzt. Wer als letzter Spieler die Rettungsinsel erreicht, scheidet aus. So lange spielen, bis nur noch ein Kind übrig ist. Dann geht das Spiel von vorne los.

Variante:

Bevor das Spiel beginnt, können die einzelnen „Rettungsinseln“ festgelegt werden. Auf Zurufen des Spielleiters müssen sich die Kinder zum Beispiel bei Sturmflut auf den Tischen in Rettung bringen oder bei Hochwasser auf den Stühlen oder bei Nieselregen auf ausgelegten Matten.

☞ **Gut zu wissen**

Dieses Spiel fördert das Reaktionsvermögen und die Konzentration sowie die Aufmerksamkeit und die Raumorientierung. Die Kinder lernen Regeln und Absprachen einzuhalten.

Überkreuz-Schleichwettbewerb

Alter *ab 5 Jahren*
Spielform *Gruppenspiel*
Material *Zeitungspapier, Alufolie, Plastiktüten ...*

So geht es

Die Kinder müssen bei diesem Spiel eine zuvor festgelegte Strecke in der Überkreuzbewegung (linker Arm gleichzeitig mit rechtem Bein und umgekehrt bewegen, dabei berührt jeweils die Hand das hochgezogene Knie.) zurücklegen. Und zwar so lautlos wie irgend möglich. Doch diese Strecke hat so ihre Tücken; überall tritt man auf Alufolie, Zeitungspapier oder Plastiktüten. Der Spielleiter oder ein zuvor ausgewähltes Kind steht mit dem Rücken nahe dem Parcours und lauscht auf das kleinste Geräusch. Schafft es ein Kind, ins Ziel zu kommen, ohne dass es dem Spielleiter auffällt, dann hat es gewonnen.

☞ Gut zu wissen

Dieses Spiel ist eine echte Herausforderung für die Kinder. Es schult die Konzentration und das Körperbewusstsein.

Krabbel-Parcours

Alter *ab 5 Jahren*
Spielform *Gruppenspiel*
Material *Matten, verschiedene Turngeräte, Bank ...*

So geht es

Ein Hindernisparcours – bestehend aus Matten, Bänken, verschiedenen flachen Turngeräten und so weiter – wird aufgebaut und die genaue Strecke festgelegt. Nun müssen die Kinder den Parcours bewältigen; allerdings dürfen sie sich dabei nur krabbelnd vorwärtsbewegen.

Variante:

So wird ein Wettbewerb daraus: Die Kinder bewältigen den Parcours einzeln der Reihe nach, wobei der Spielleiter die jeweilige Zeit stoppt, die ein Kind benötigt, um den Parcours zurückzulegen. Dasjenige Kind, das die kürzeste Zeit benötigt, hat das Hindernis-Krabbeln gewonnen.

☞ **Gut zu wissen**

Ein Kind braucht Bewegung wie die Luft zum Atmen. Nicht nur für die körperliche, sondern auch für seine geistige Gesundheit. Krabbeln ist eine der ersten Bewegungsabläufe, die ein Kind erlernt – und eine sehr wichtige, denn das Krabbeln fördert die neuronale Vernetzung zwischen den beiden Hemisphären.

Fischer, Fischer, welche Übung machen wir heute?

Alter *ab 5 Jahren*
Spielform *Gruppenspiel*
Material *wird nicht benötigt*

So geht es

Ein Kind ist der Fischer und steht auf der einen Längsseite des Spielfeldes, die anderen Kinder stehen auf der anderen Seite. Nun rufen die Kinder: „Fischer, Fischer wie tief ist das Wasser?" Der Fischer antwortet: „100 Meter!" Die Kinder fragen: „Und wie kommen wir am besten zu dir hinüber?"
Nun gibt der Fischer zur Antwort: „Indem ihr die Überkreuzbewegungen nach vorne macht!" Daraufhin laufen die Kinder in Überkreuzbewegungen nach vorne hinüber zur anderen Seite; der Fischer versucht sie zu fangen – auch in Überkreuzbewegungen. Die Kinder, die der Fischer angetippt hat, werden dadurch auch zu Fischern und müssen ebenfalls versuchen die anderen Kinder zu fangen. Das Frage- und Antwortspiel wiederholt sich so lange, bis das letzte Kind zum Fischer geworden ist. Wichtig ist dabei nur, dass die „Fischer-Kinder" immer eine Überkreuzbewegung benennen.
Hier sind einige Beispiele: Über Kreuz nach vorne gehen – krabbeln – Spinnengang – Ballerina – über Kreuz rückwärtsgehen – Schuhplattler und natürlich können sich die Kinder auch neue Überkreuzbewegungen einfallen lassen.

☞ **Gut zu wissen**

Bewegung baut Stress und Spannungen ab und machen das Gehirn aufnahmefähiger, weil ein enger Zusammenhang zwischen Bewegung, Wahrnehmen und Denken besteht.

❦

Papierschuhlauf

Alter	*ab 5 Jahren*
Spielform	*Gruppenspiel*
Material	*Zeitungspapier*

So geht es

Die Kinder basteln sich aus Zeitungspapier große Hausschuhe. Das ist schnell gemacht und kinderleicht. Man reißt oder schneidet einen Schlitz in einen Bogen Zeitungspapier und schlüpft dann mit dem Fuß hindurch. Nun wird das überstehende Zeitungspapier unter die Fußsohle geschlagen, ein bisschen zurechtgedrückt und fertig ist der Papierschuh. Mit diesem neuen Schuhwerk bekleidet, versuchen nun die Kinder in unterschiedlichen Überkreuzbewegungen durch den Raum zu gehen. Aber Achtung, die Papierschuhe dürfen dabei nicht verloren gehen.

Variante:

Und so wird ein lustiger Wettbewerb daraus: Die Kinder stehen mit ihren Riesenschuhen an einer zuvor festgelegten Startlinie. Der Spielleiter gibt das Startzeichen und schon kann das lustige

Über-Kreuz-Papierschuh-Rennen losgehen. Sieger ist der, der als Erster das Ziel erreicht und dessen Schuhe weder verloren gegangen noch beschädigt sind.

☞ **Gut zu wissen**

Für eine gesunde Entwicklung ist es wichtig, dass die Kinder lernen, ihren Körper bewusst wahrzunehmen. Dieses lustige Spiel fördert die Körperwahrnehmung und Koordination und außerdem macht es den Kindern richtig viel Spaß.

Pizza backen Foto: A. Szillat

Kapitel 3: Spiele und Übungen zur Förderung der emotionalen Intelligenz

„Was nützt ein hoher IQ, wenn man ein emotionaler Trottel ist!“, schreibt der amerikanische Psychologe Daniel Goleman in seinem Buch „Emotionale Intelligenz“ und hat damit wahrhaftig Recht. Wie ist die Situationen heute in Kindergärten und Schulen? Warum sind immer weniger Kinder und Jugendliche in der Lage, sich friedlich auseinanderzusetzen – ihre Probleme verbal zu lösen, ohne dabei beleidigend und verletzend zu werden? Wie kann es dazu kommen, dass Kinder bereits im Kindergarten damit beginnen, andere zu schlagen? Warum nimmt die Zahl der Jugendlichen erschreckend zu, die bereit sind, Mitschüler zu erpressen, Lehrer zu bedrohen und Waffen zu tragen? Was ist nur los mit den Kindern von heute? Unangemessene Gefühlsausbrüche nehmen zu, weil die emotionale Intelligenz nicht geschult wird. Natürlich waren auch zu früheren Zeiten Streitereien und auch Rangeleien an der Tagesordnung. Allerdings mögen diese fast harmlos erscheinen im Vergleich zu der heutigen Zeit. Heute werden Eltern, Erzieher, Lehrer und natürlich auch Kinder und Jugendliche geradezu überrollt von Aggressionen und Gewalt. Viele Kinder und Jugendliche reagieren auf diese Gewalttätigkeit und die immer mehr zunehmende emotionale Kälte mit Unsicherheit. Sie sind nervös, oftmals unkonzentriert und traurig.

Doch während einige auf Gewalt mit immer mehr Gewalt reagieren, werden andere zum Außenseiter. Sie leiden enorm unter dieser Situation, ziehen sich in ihr Schneckenhaus zurück und weisen schon frühzeitig Symptome von Depressionen auf, leiden unter Bauchschmerzen und Schlaflosigkeit. Natürlich leiden auch die Schulleistungen vieler Kinder unter der heutigen Situation, Angst und Depressionen blockieren das Gehirn und das Gedächtnis. Darum sollten wir – die Erwachsenen, Eltern, Erzieher, Lehrer – so früh wie möglich damit beginnen, den Kindern spielerisch die Grundlagen der emotionalen Intelligenz zu vermitteln. Wir sollten den Kindern dabei behilflich sein, ihr soziales Gleichgewicht zu finden. Dafür benötigen sie ein gesundes Körperbewusstsein und Selbstwertgefühl sowie Wissen über ihre eigenen Gefühle und die der anderen. Nur so können Kinder ihr Verhalten den unterschiedlichen Situationen anpassen. Dieses Kapitel ist gefüllt mit vielfältigen Spielen, die dazu geeignet sind, die emotionale Intelligenz zu fördern und zu schulen.

Mit dem Herzen suchen wir Freunde.
Mit dem Herzen finden wir Freunde.
Mit dem Herzen lassen wir Freunde gehen.
Doch in unserem Herzen werden wir
sie wieder sehen.

(Antje Szillat)

Heute backen wir Pizza

Alter	*ab 3 Jahren*
Spielform	*Partner- oder Gruppenspiel*
Material	*weiche Unterlage*

So geht es

Heute wollen wir Pizza backen! Die Kinder finden sich zu Paaren zusammen. Ein Kind legt sich gemütlich auf den Bauch, während sich das zweite danebenhockt. Nun beginnt es auf dem Rücken des liegenden Kindes Pizza zu backen.
Und so lautet das Rezept:
Zuerst wird der Teig geknetet: Der Rücken des Kindes wird mit beiden Händen durchgeknetet.
Dann muss der Teig ausgerollt werden: Das Kind sanft hin- und herrollen, mit den Fäusten den Rücken hinauf- und hinunterfahren.
Jetzt wird der Teig schön glatt gestrichen: Mit den Handflächen beider Hände von unten nach oben, von der Mitte nach außen streichen.
Nun kommt der Belag an die Reihe:
Tomaten: Mit den Fäusten Kreise malen.
Schinken: Handflächen fest aufdrücken und dabei etwas drehen.
Pilze: Leichter Druck mit dem Daumen.
Oliven: Alle Fingerspitzen einer Hand zu einer Spitze formen und tupfen.
Zwiebelringe: Mit den Fingerspitzen Kreise malen.
Paprikastreifen: Mit dem Daumen streifenförmig streichen.
Käse: Mit den Spitzen der gespreizten Finger klopfen.

Die Pizza in den Ofen schieben:
Kräftig an den Rändern des Rückens von oben nach unten streichen und der Pizza einen kleinen Schubs geben.
Und schon ist die Pizza fertig ...

☞ **Gut zu wissen**

In der Entwicklung eines Kindes sind Sinneswahrnehmungen durch Berührungen von grundlegender Bedeutung. Das Kind erfährt und be-greift durch das Berührtwerden sowie durch das Selbstberühren Liebe und Zuneigung. Außerdem nimmt es so seinen eigenen Körper intensiver wahr.

Die Wetterkarte

Alter	*ab 3 Jahren*
Spielform	*Partner- oder Gruppenspiel*
Material	*weiche Unterlage*

So geht es

Die Kinder bilden Paare. Ein Kind setzt oder legt sich (auf den Bauch) gemütlich hin. Das zweite Kind sitzt direkt dahinter (oder beim liegenden Kind daneben), sodass es den Rücken des anderen Kindes berühren kann. Der Spielleiter beginnt die „Wetterkarte" laut vorzulesen:
Es ist ein schöner warmer Tag, die Sonne scheint:
Die Kinder reiben mit den Handflächen den Rücken des Vorderkindes ab.

Plötzlich beginnt es zu regnen: Sie trommeln mit den Fingern auf den Rücken des Vorderkindes.
Aus dem anfänglich sanften Regen wird Hagel: Jetzt klopfen sie mit den Fäusten den Rücken des Vorderkindes ab.
Heftige Blitze begleiten nun das Gewitter: Mit den Fingerspitzen zeichnen sie dem Vorderkind Blitze auf den Rücken.
Ein starker Wind bläst: Die Kinder pusten in den Nacken des Vorderkindes.
Langsam zieht das Gewitter vorüber, die Sonne schiebt die dunklen Wolken zur Seite und scheint wieder warm und hell auf die Erde hinunter: Zum Abschluss reiben die Kinder dem Vorderkind noch mal mit den Handflächen über den ganzen Rücken.
Dann wird gewechselt.

Gut zu wissen

Dieses Spiel fördert die bewusstere Körperwahrnehmung und lässt Nähe zu. An dieses Entspannungsspiel kann sich ein Gespräch über Gefühle anschließen: Wie fühlen wir mit unserem Körper? Sonnenschein tut den meisten besonders gut und hebt die Stimmung. Regen und starker Wind werden oftmals als unangenehm empfunden und wirken sich negativ auf die Stimmung aus.

Der Wuttanz

Alter	*ab 5 Jahren*
Spielform	*Einzel-, Partner- oder Gruppenspiel*
Material	*wird nicht benötigt*

Text:

1. Wenn ich so richtig wütend bin,
   dann stampf ich mit dem rechten Bein.
   Die linke Faust, die balle ich
   und schaue grimmig drein.
   Dann schimpfe ich und fluche ich,
   so laut wie es nur geht.
   Mein rechtes Auge zuckt ganz wild,
   ach je ... oh je ... oh je ...

2. Wenn ich so richtig wütend bin,
   dann wackelt auch mein linker Fuß.
   Die rechte Hand geht auf und zu,
   ich hab so richtig Wut.
   Dann hüpfe ich von links nach rechts
   und gleich noch mal zurück.
   Zum Schluss steh ich auf einem Bein
   ach je … oh je … oh je …

3. Wenn ich so richtig wütend bin,
   dann roll ich mit der linken Schulter.
   Den rechten Arm streck ich weit aus,
   und lass meine Wut mal richtig raus.
   Ich stampf nach links, ich stampf nach rechts,
   dann klatsch ich in die Hände.
   Jetzt steh ich still, beweg mich nicht,
   ach je ... oh je ... oh je ...

4. Wenn ich so richtig wütend bin,
wird's langsam wieder besser.
Ich schimpf nicht mehr,
ich tob nicht mehr
und wütend bin ich auch nicht mehr.
Meine linke Hand, die heb ich hoch,
die Rechte kommt gleich hinterher.
Ich fühl mich wieder richtig gut
und tanze fröhlich hin und her ...
Oh yah ... oh yah ... oh yah ...

So geht es

Der Spielleiter sagt die Verse auf, während die Kinder die angegebenen Bewegungen dazu machen. Natürlich können sie die Verse auch mitsprechen. Dieser Tanz verschafft Bewegung, fördert die Koordination und macht richtig viel Spaß. Außerdem lernen die Kinder spielerisch, wie sie Wut und Ärger durch körperliche Bewegung abbauen können.
Wer Lust hat, kann sich auch noch eigene Reime und Bewegungsmöglichkeiten einfallen lassen. Der Fantasie der Kinder sind hier keine Grenzen gesetzt.

Sprichst du mit dem Herzen,
dann weiß ich, wer du bist.
(Antje Szillat)

Ich kleb an dir – der Klebetanz!

Alter	*ab 4 Jahren*
Spielform	*Partner- oder Gruppenspiel*
Material	*Musikanlage*

So geht es

Je zwei Kinder bilden ein Paar. Der Spielleiter bestimmt zum Beispiel: „Rücken an Rücken festgeklebt!“ Und schon geht es los mit dem Rücken-an-Rücken-Zweier. Die Kinder tanzen zu Musik durch den Raum ohne ihre Rücken-an-Rücken-Klebehaltung aufzugeben. Dann wird die Musik gestoppt und der Spielleiter bestimmt eine neue Klebestelle: Stirn-an-Stirn, Po-an-Po, Ellbogen-an-Ellbogen, Fuß-an-Fuß, Nase-an-Nase, Schulter-an-Schulter ... Die Musik wird gestartet und auf geht's zur nächsten fröhlichen Klebetanzrunde.

☞ Gut zu wissen

Bei diesem Spiel müssen sich die Kinder gut aufeinander verlassen können und Einfühlungsvermögen beweisen.

Variante:

So wird ein Wettkampf daraus: Der Spielleiter legt eine Klebestelle fest. Die Kinder treten paarweise an den Start und bewegen sich, auf ein bestimmtes Kommando hin, vorwärts. Das „Klebepaar“, welches das Ziel als erstes erreicht hat, hat gewonnen. Aber aufgepasst, das Pärchen, bei dem der Kleber (und sei es auch nur für einen kurzen Moment) nicht hält, scheidet aus.

Sei begrüßt ...

Alter *ab 5 Jahren*
Spielform *Gruppenspiel*
Material *wird nicht benötigt*

So geht es

Der Spielleiter erzählt die Geschichte von den verschiedenen Kulturen und ihren Begrüßungsritualen, die der Sage nach überall auf der Welt ganz unterschiedlich sein sollen. Die Kinder sollen nun diese verschiedenen Begrüßungen nachmachen – und Kontakt aufnehmen!

Deutschland: Hände schütteln.

Schuhplattlerland: Füße heben und sich zur Begrüßung gegenseitig mit der Fußsohle berühren.

Frankreich: Küsschen rechts und Küsschen links auf die Wange.

In den Ländern, in denen es sehr kalt ist:
Nasen aneinanderreiben. Da es dort so kalt ist, werden die Hände angeblich nie aus den Jackentaschen genommen.

Amerika: Die erhobenen Handflächen gegenseitig aneinanderklatschen.

England: Zur Begrüßung ein kleines Geschenk überreichen.

China: Gegenseitig voreinander verbeugen.

Afrika: Dort wird zur Begrüßung gemeinsam ein kleines Tänzchen gemacht.

Spanien: Gegenseitig die Stirn aneinanderdrücken. Die beiden Stirnhöcker bei den Menschen stehen für die Hörner der stolzen Stiere – sagen die Spanier. Durch die Stirn-an-Stirn-Begrüßung

drückt man seinen Respekt vor dem anderen aus – so lautet eine alte Legende ...
Österreich: Gemeinsam jodeln.
Italien: Eine Hand heben und winken.
Israel: Gegenseitig leicht am Ohr zupfen.

☞ **Gut zu wissen**

Natürlich handelt es sich meist um Fantasiebegrüßungen, was die Kinder auch wissen sollen. Die Kinder können sich selber noch verschiedene Varianten der Begrüßung ausdenken. Wie begrüßen sich wohl die Indios oder die Texaner? Ob bei ihnen wohl zur Begrüßung das Lasso geschwungen wird?
Unterschiedliche Länder – unterschiedliche Kulturen – unterschiedliche Menschen! Dieses Rollenspiel soll in den Kindern mehr Verständnis für die Vielfältigkeit der Menschen, egal welche Farbe, Rasse oder Herkunft – wecken. Alle sind gleich und jeder hat etwas ganz Besonderes – zum Beispiel die Begrüßung ...

Man sieht nur mit dem Herzen gut.
Das Wesentliche ist für die Augen unsichtbar.
(Antoine de Saint-Exupéry)

Willi Wüterich

Alter *ab 5 Jahren*
Spielform *Einzel- oder Gruppenspiel*
Material *Sack aus Leinen oder ähnlichem Material, Füllmaterial, Seil oder dicke Kordel, Befestigungsmaterial*

So geht es

An Willi Wüterich können die Kinder ihre Wut, ihren Ärger und ihre überschüssige Energie mal so richtig auslassen. Ein großer oder mittelgroßer Sack wird mit weichem Material gefüllt und an der Decke befestigt. Bitte auf eine sichere Befestigung achten, damit es nicht zu Verletzungen kommt. Nun können die Kinder entweder mit den bloßen Händen (Fäusten) oder mit Boxhandschuhen ihren Ärger, ihre Wut oder Energie ungefährlich rauslassen.

☞ Gut zu wissen

Besser, die Kinder lassen an Willi Wüterich mal so richtig „Dampf ab“ als an einem anderen Kind. Manchmal kann ein anschließendes Gespräch sehr hilfreich sein. Oftmals kommt es vor, dass ein Kind erst nachdem es sich körperlich Luft gemacht hat, auch verbal in der Lage ist, sich zu äußern. Daher ist ein Gesprächsangebot immer gut – ein Gespräch sollte aber nur stattfinden, wenn es von den Kindern gewünscht wird!

Drei Dinge, die mir an dir gefallen ...

Alter *ab 6 Jahren*
Spielform *Gruppenspiel*
Material *bei Bedarf Blätter und Stifte*

So geht es

Die Kinder sitzen im Stuhlkreis (oder auf dem Fußboden). Der Spielleiter erteilt dem ersten Kind das Wort. Dieses Kind hat nun die Aufgabe, ein anderes auszuwählen und drei Dinge zu nennen, die ihm an diesem Kind besonders gut gefallen. Das kann sowohl eine Charaktereigenschaft sein, zum Beispiel: „An dir gefällt mir gut, dass du immer so fröhlich bist“, oder: „Ich mag es, dass du so hilfsbereit bist“, aber auch äußere Kennzeichen sind zugelassen, zum Beispiel: „Deine lustigen Sommersprossen mag ich besonders gerne“, oder: „Ich mag dein T-Shirt, es passt gut zu deinen blauen Augen.“ Wurden drei Dinge genannt, ist das Kind an der Reihe, das zuvor mit „Komplimenten“ bedacht wurde. Es wählt ein weiteres aus und nennt drei Dinge, die es an diesem mag.
So geht das Spiel immer weiter, bis alle Kinder an der Reihe waren.

☞ **Gut zu wissen**

Komplimente tun gut. Sie stärken das Selbstwertgefühl und wirken richtig motivierend. Sie auszusprechen fällt den Kindern und vor allen Dingen den Jugendlichen jedoch nicht immer ganz leicht. „Du Blödmann“ geht ihnen leichter über die Lippen als „Du bist nett“.

Durch dieses Spiel sollen die Kinder erleben und lernen, wie schön es ist, mit netten Worten bedacht zu werden, und wie gut es sich anfühlen kann, anderen etwas Freundliches zu sagen.

Variante:
Die „drei Dinge ...“ werden auf einen Zettel geschrieben und dem anderen Kind überreicht. Manchmal fällt es den Kindern wirklich sehr schwer, ihrem Gegenüber etwas Nettes zu sagen, dann kann diese Variante hilfreich sein.

Kraftmeier und Muskelmüller

Alter	*ab 5 Jahren*
Spielform	*Partnerspiel*
Material	*Bodenmatte*

So geht es
Kräfte messen und Wut abreagieren sind das Ziel dieses sportlichen Wettkampfs. Zuerst erklärt der Spielleiter den Kindern die Spielregeln. Absolute Fairness wird erwartet. Wer sich nicht daran hält, hat den „Kampf“ verloren und scheidet sofort aus.
Zwei Kinder stehen sich gegenüber auf einer Bodenmatte. Sie drücken die Handflächen ihrer beiden Hände aneinander. Der Spielleiter verkündet den Beginn des „Kampfes“. Sofort beginnen die beiden Kontrahenten das andere Kind nur mit den Händen von der Matte zu schieben.

Gewinner ist das Kind, dem es als erstes gelungen ist, seinen Gegner von der Matte zu schieben.

☞ **Gut zu wissen**
Toll, um aufgestaute Aggressionen abzulassen. Achten Sie aber unbedingt darauf, dass die Spielregeln eingehalten werden. Die Kinder sollten nach Möglichkeit gleich stark sein.

Variante:
Wie wär´s denn mal mit einem Po-Duell? Anstatt mit den Handflächen versuchen die Kinder sich mit ihrem ausgestreckten Po von der Matte zu schieben. Lachen ist hier garantiert!

Du stinkender Dackelpups – Schimpfwörter erwünscht!

Alter *ab 5 Jahren*
Spielform *Gruppenspiel*
Material *wird nicht benötigt*

So geht es
Wettbewerb der ausgefallensten Schimpfwörter – aber bitte nur nette, respektlose sind verboten. Bei diesem lustigen Gruppenspiel kommt es auf die Originalität und Kreativität der Kinder an. Die ausgefallensten Schimpfwörter werden zusammengetragen und einer Jury aus Kindern oder dem Spielleiter vorgetragen. Anschließend wird der Gewinner bekannt gegeben.

☞ **Gut zu wissen**

Glitschige Bananenschale, gelbgrünes Otternasenpüree, zotteliger Staubwedel, grüner Froschglibber ...

Freude und Lachen ohne Grenzen sind bei diesem Spiel ganz sicher.
Manchmal ergibt sich im Anschluss an diesen originellen Wettbewerb ein Gespräch mit den Kindern. Dabei geht es zum Beispiel darum, welche Wörter verletzend und welche lustig sind oder wie man sich fühlt, wenn man mit einem respektlosen Wort beschimpft wird. Die Kinder setzen sich mit „der Macht der Wörter“ auseinander und lernen dabei viel über die Gefühle und Gedanken der anderen.

Du stacheliger Kaktuskopf, krächzender Kanalarbeiter, gackernde Spinatwachtel, Schimpfen macht manchmal richtig viel Spaß!

Variante:

Bei dieser Variante wird der schönste und ungewöhnlichste Kosename gesucht. Knuddelnasenbär, Mausebackengesicht, Hönigschätzchen, schnuckeliges Schäfchen ...
Auch hier gilt: je origineller desto besser.

Die Gefühlszahl

Alter *ab 6 Jahren*
Spielform *Gruppenspiel*
Material *eventuell Stifte und Papier*

So geht es

Die Kinder sitzen im Stuhlkreis oder am Boden in einer Runde. Die Regeln des Spieles wurden zuvor erklärt. Der Spielleiter ruft nun den Namen eines Kindes aus der Runde.

Doch anstatt mit „hier“ zu antworten, nennt das aufgerufene Kind eine Zahl. Diese Zahl zeigt an, wie sich das Kind fühlt. „Eins“ bedeutet „ziemlich gedrückte Stimmung“, „Zehn“ bedeutet „volle Energie, mir geht es richtig gut“. Zusammen mit der von ihnen angegebenen Zahl sollen die Kinder versuchen zu begründen, warum sie sich in dieser Stimmung befinden.

Zum Beispiel:

„Zehn! Mir geht es richtig gut, weil heute Freitag ist und die Sonne scheint ...“, oder: „Sechs! Ich gehe heute ins Schwimmbad, aber das erste Mal alleine. Bin ein bisschen nervös ...“, oder auch: „Eins! Ich hatte Streit mit meiner Mutter und außerdem habe ich Angst vor dem Mathetest ...“, und auch so kann die Begründung ausfallen: „Zwei! Chris hat vorhin, ‚Arschloch‘, zu mir gesagt ...“ Die Runde wird so lange weitergeführt, bis jedes Kind seine Gefühlszahl genannt hat. Das anschließende Gespräch ist oftmals sehr wichtig und kann sehr emotional ausfallen. Aber bitte nur, wenn die Kinder darüber reden möchten.

☞ **Gut zu wissen**
Die Kinder lernen die Gefühle der anderen kennen und erfahren, wie sie ihre eigenen Gefühle besser ausdrücken können. Was belastet andere, was verletzt sie, wie gehe ich mit eigenen Gefühlen um, wie mit den Gefühlen und Empfindungen anderer ...?
Dieses Spiel bietet viel Platz für Gespräche, daher ist immer genügend Zeit einzuplanen. Nichts ist schlimmer als der ständige Blick der anderen auf die Uhr, wenn man sich endlich einmal getraut hat seine Sorgen von der Seele zu reden.

Wer fühlt sich wie?

Alter *ab 6 Jahren*
Spielform *Gruppenspiel*
Material *Musikanlage*

So geht es
Die eine Hälfte der Kinder bildet einen Innenkreis, die andere Hälfte einen Außenkreis.
Zu Musik bewegt sich der Innenkreis nach links und der Außenkreis nach rechts. Wenn die Musik stoppt, sollen die Kinder nur durch Gesichtsmimik und Körperhaltung verschiedene Gefühlslagen ausdrücken. Die jeweils gegenüberstehenden Kinder sollen nun erraten, welche Stimmung das andere Kind ausdrücken möchte.
Dann wird die Musik wieder angeschaltet und das Spiel geht weiter.

☞ **Gut zu wissen**

Da schlägt ein Kind ein anderes mitten ins Gesicht, nur weil es ein neutrales Gesicht nicht von einem feindseligen unterscheiden kann ...

In diesem Spiel lernen die Kinder unterschiedliche Gefühle auszudrücken und zu erkennen.

Sag es ohne Worte

Alter	*6 Jahren*
Spielform	*Gruppenspiel*
Material	*bei Bedarf Zettel und Stifte*

So geht es

Ein Kind steht auf der „Bühne“, während die anderen Kinder als Zuschauer Platz genommen haben. Der Spielleiter hat dem Kind auf der Bühne zuvor eine Stimmungslage oder Charaktereigenschaft genannt, zum Beispiel traurig, ängstlich, fröhlich, ärgerlich, glücklich, schüchtern, frech ... Nun gilt es, ganz ohne zu sprechen – nur durch Körperhaltung, Bewegungen und Gesichtsausdruck, dieses Gefühl darzustellen.

Die Zuschauerkinder sollen erraten, welche Stimmungslage das Kind auf der Bühne ausdrücken möchte. Das Kind, dem es als erstes gelingt, die richtige Stimmungslage zu erraten, kommt als nächstes an die Reihe und wird auf die Bühne gebeten. Das „Stimmungs-Spiel“ beginnt von Neuem.

☞ **Gut zu wissen**
Es kann ratsam sein, nach Beendigung der verschiedenen „Gefühlsvorstellungen" darüber zu sprechen. Wie war es für die einzelnen „Schauspieler"? Welche Gefühle konnten sie leicht ausdrücken und mit welcher Stimmungslage hatten sie Schwierigkeiten? Wie hat sich die Körperhaltung bei den unterschiedlichen Darstellungen verändert? ...

Variante:
Die Kinder schreiben zuvor unterschiedliche Stimmungslagen auf kleine Blätter, falten diese zusammen und legen sie in eine Losbox. Dann entscheidet das Los, welche Gefühlslage dargestellt wird.

Spiel mit mir

Alter	*ab 6 Jahren*
Spielform	*Gruppenspiel*
Material	*wird nicht benötigt*

So geht es
Vorhang auf für die lustigen Redner. Jeweils zwei Kinder finden sich zu einem Paar zusammen. Gemeinsam arbeiten sie eine Rede aus, die sie sogleich dem Publikum vortragen werden. Aber bitte gemeinsam! Der Redner steht vorne auf der Bühne und direkt hinter ihm befindet sich das zweite Kind, das die Rolle des Gestikulierers

übernimmt. Während Kind eins die Hände hinter dem Rücken verschränkt hat, völlig bewegungslos dasteht und einen spannenden oder lustigen Vortrag über richtige Hundehaltung, schöne Spielplatzgestaltung, eine kurze Urlaubsreise, das Wetter ... hält, streckt Kind zwei seine Arme nach vorne und übernimmt die entsprechende Gestik zu der Rede. Die beiden Kinder bemühen sich so gut wie möglich die Worte und die Gestik aufeinander abzustimmen. Zum Schluss darf das Publikum entscheiden, welches Rednerpaar ihnen am besten gefallen hat.

☞ **Gut zu wissen**
Ein arabisches Sprichwort lautet: *Zwischen Lachen und Spielen werden Seelen gesund.* Bei diesem Spiel ist das Lachen garantiert und das Spielen sowieso ...

Kätzchenstreicheln

Alter	*ab 4 Jahren*
Spielform	*Partnerspiel*
Material	*weiche Unterlage, eventuell Kissen und Decke*

So geht es
Ein Kind wird zu einem kleinen Kätzchen, ein weiteres (oder ein Erwachsener) ist für das Streicheln zuständig. Das kleine Kätzchen legt sich gemütlich hin und lässt sich streicheln. Dabei signali-

siert es durch leichtes Mauen und Schnurren, wo ihm das Streicheln besonders guttut. Nach einer Weile wird gewechselt.

☞ **Gut zu wissen**

Die Kinder lernen durch das Berührtwerden und Berühren, ihren Körper und ihre Gefühle bewusster wahrzunehmen.

Bierdeckelentspannung

Alter	*ab 4 Jahren*
Spielform	*Partnerspiel*
Material	*weiche Unterlage, etwa 40 Bierdeckel*

So geht es

Ein Kind liegt bequem auf dem Bauch, ein weiteres (oder ein Erwachsener) hockt daneben und verteilt gleichmäßig – von den Füßen aufwärts – Bierdeckel auf dem liegenden Kind. Ist der letzte von etwa 40 Deckeln abgelegt, wird einen kurzen Moment abgewartet, damit das liegende Kind die Bierdeckel spüren kann. Dann werden die Bierdeckel wieder entfernt und die Rollen getauscht.

☞ **Gut zu wissen**

Durch dieses Partnerspiel wird die körperliche Wahrnehmung geschult und Nähe zugelassen.

Sorgen abstreichen

Alter *ab 5 Jahren*
Spielform *Partnerspiel*
Material *weiche Unterlage, eventuell Kissen und Decke*

So geht es

Ein Kind liegt gemütlich auf dem Rücken. Ein weiteres oder ein Erwachsener beginnt nun das liegende Kind von seinen Sorgen „zu befreien". Mit den Fingern werden zuerst die Ohren von oben nach unten ausgestrichen. Dann sind die Stirn und der ganze Kopf an der Reihe. Weiter geht es zu den Armen und Händen, den Seiten des Rumpfes, den Beinen und abschließend zu den Füßen. Dabei kann folgender Satz gesagt werden: Ich streich dir deine Sorgen ab – von oben bis ganz hinunter – gleich wirst du´s sehen – gleich wirst du´s spüren – bist du ganz schnell wieder munter.

☞ Gut zu wissen

Nähe, Wärme, Geborgenheit – für die gesunde Entwicklung eines Kindes sind Sinneswahrnehmungen durch zärtliche Berührungen und liebevolle Zuwendung von grundlegender Bedeutung.

Der Sorgenkasten

Alter	*ab 7 Jahren*
Spielform	*Gruppenspiel*
Material	*Sorgenkasten, am besten ein selbst gebauter!*

So geht es

An einem Ort, wo Kinder zusammen spielen und lernen, da muss unbedingt ein Sorgenkasten her. Darin ist viel Platz für die Sorgen und den Kummer der Kinder. Sie haben die Möglichkeit, auf einen Zettel zu schreiben, was sie belastet oder was ihnen Kummer bereitet. Die Kinder sollen allerdings frei entscheiden können, ob die Zettel anonym bleiben oder unterschrieben werden. Der Sorgenkasten steht an einer festen Stelle und die Kinder können jederzeit ihre Zettelchen hineinwerfen.

☞ Gut zu wissen

Gemeinsam mit den Kindern wird festgelegt, wann der Sorgenkasten jeweils geleert werden soll. Am besten eignet sich ein „Leerungstermin" einmal in der Woche. Dann wird der Abstand zu dem Geschriebenen nicht zu lang. Der Spielleiter/ Lehrer liest die Zettel vor und anschließend werden sie besprochen. Das Vorlesen der Zettel kann aber auch ein zuvor gewähltes Kind übernehmen.

Gefühls-ABC

Alter	*ab 7 Jahren*
Spielform	*Einzel- oder Gruppenspiel*
Material	*Tafel, Plakat oder Folie mit dem Alphabet*

So geht es

Die Kinder sitzen in der Runde und der Spielleiter erklärt ihnen, dass jeder Buchstabe des Alphabets der Anfangsbuchstabe für mindestens ein Gefühl sein kann.
Dann fordert er das erste Kind auf mit dem Buchstaben A ein „Fühlwort" zu nennen. Das nächste Kind nennt den nächsten Buchstaben und ein entsprechendes „Fühlwort" und so weiter. So lange spielen, bis alle Buchstaben des Alphabets genannt wurden.
Natürlich kann ein Kind auch die anderen um Hilfe bitten, wenn ihm absolut kein „Fühlwort" zu seinem Buchstaben einfällt. Die Tafel (das Plakat, die Folie) dient denjenigen Kindern als Orientierung, die mit dem Alphabet noch nicht ganz zurechtkommen.

Variante:

Anstatt nur das Wort zu nennen, kann auch mit jedem Fühlwort ein ganzer Satz gebildet werden. Zum Beispiel: „Meine Schwester ist albern, wenn sie mit ihren Freundinnen zusammen ist!", oder: „Mein Vater ist genervt, wenn die Ampel rot ist!" oder „Meine Mutter ist besorgt, wenn ich zu spät nach Hause komme!", und so weiter.

☞ **Gut zu wissen**

Die Kinder sollten genug Zeit für dieses Gefühls-ABC bekommen, damit sie die genannten Wörter auch erklären können. „Wie fühlst du dich, wenn du eifersüchtig bist?“, oder: „Was fühlst du, wenn du traurig bist?“, und so weiter. Durch dieses Spiel lernen die Kinder Wörter kennen, mit denen sie ihre Gefühle ausdrücken können. Sich ausdrücken zu können und vor allen Dingen seine Gefühle ausdrücken zu können, ist von großer Wichtigkeit für die emotionale Entwicklung eines Kindes.

Herr Ober, wie ist die Stimmung heute?

Alter	*ab 5 Jahren*
Spielform	*Gruppenspiel*
Material	*wird nicht benötigt*

So geht es

Die Kinder sitzen im Kreis oder an einem gedachten Tisch in einem Restaurant. Ein Kind spielt den Ober und verlässt kurz den Raum. Der Spielleiter erklärt dem Kind, welche Gefühlsstimmung es gleich darstellen soll. Fröhlich, schlecht gelaunt, wütend, traurig, lustig, ängstlich, glücklich ...
Nun rufen die Kinder „am Tisch“ nach dem Ober, um ihre Bestellung aufzugeben. Der Ober nimmt die Bestellung in der abgesprochenen Stimmungslage entgegen. Nachdem alle Bestellungen aufgenommen wurden, berät die Gruppe, welche Gefühlsstimmung dargestellt wurde. Anschlie-

ßend wird ein neuer Ober bestimmt und das Spiel fängt von vorne an.

Variante:
Das Kind, das den Ober spielt, wählt selbst die Gefühlsstimmung, die es zum Ausdruck bringen möchte.

Spieltipp
Dieses Rollenspiel macht den Kindern große Freude und der Spaß ist dabei garantiert. Je älter die Kinder sind, umso schwieriger sollte die Aufgabenstellung sein. Ein Ober könnte respektlos oder auch desinteressiert sein.

☞ **Gut zu wissen**
Die Kinder lernen durch dieses Spiel die Gefühlslage anderer besser kennen. Und wer die Gefühle seines Gegenübers besser einschätzen und erkennen kann, der kann auch besser damit umgehen und darauf eingehen.

Der geheime Freund

Alter	*ab 6 Jahren*
Spielform	*Gruppenspiel*
Material	*Papier und Stift, kleiner Korb oder Kasten*

So geht es
Der Spielleiter erklärt und bespricht mit den Kindern den Sinn des Spieles. Ein geheimer Freund

wird gesucht! Die Namen aller Teilnehmer werden auf kleine Zettel geschrieben, gefaltet und in den Korb oder Kasten gelegt. Jedes Kind zieht nun einen Namen und verrät aber nicht, wer es ist. Jetzt sind die Kinder aufgefordert einen ganzen Schul- oder Kindergartentag lang etwas Gutes für ihren heimlichen Freund zu tun. Tür aufhalten, Stuhl zurechtrücken, Stift aufheben, Schulbrot teilen ... Doch sie dürfen dabei keine verräterischen Spuren hinterlassen, denn erst am nächsten Tag sollen die Kinder erraten, wer ihr geheimer Freund war.

Variante:
Auch hier werden Zettel mit den Namen gezogen. Ohne dass der andere Bescheid weiß, wird einer aus der Gruppe sein „geheimer Freund“ und macht ihm eine ganze Woche lang immer wieder eine Freude. Oftmals ist es sehr hilfreich, wenn jedes Kind – bevor die Namen gezogen werden – einige Beispiele nennt, wie man ihm etwas Gutes tun oder eine Freude machen könnte.

☞ **Gut zu wissen**
Das Spiel „Der geheime Freund“ stärkt das Gefühl der Fürsorge füreinander. Es bringt die Gruppe näher zusammen und macht es leichter, Abneigungen und Unstimmigkeiten zu überwinden. Gegenseitige Fürsorge schafft Verbindung und ist daher von großer Wichtigkeit für ein vernünftiges und friedvolles Miteinander.

Die Welt berühren

Alter *ab 5 Jahren*
Spielform *Gruppenspiel*
Material *wird nicht benötigt*

So geht es

Der Spielleiter zeigt sechs verschiedene Körperstellungen, die in diesem Spiel eingenommen werden sollen.

Den Himmel berühren

Beide Arme werden so hoch wie möglich nach oben gestreckt.

Die Erde berühren

Mit beiden Händen wird der Boden berührt, dabei bleiben die Beine möglichst senkrecht.

Die Sonne berühren

Die Kinder strecken die Arme zur Seite aus, schauen in den Himmel und drehen sich langsam dabei um die eigene Achse.

Einen Baum berühren

Die Arme werden seitlich parallel zum Boden ausgestreckt und dann halb geschlossen, als ob man einen dicken Baumstamm umarmen wollte.

Den Berg berühren

Beide Hände werden in die Hüften gelegt.

Den Wasserfall berühren

Die Hände werden weit über den Kopf nach oben gestreckt und die Finger ineinander verschränkt. Der ganze Körper streckt sich nach oben, wobei der Rücken nach vorne durchgebogen wird.
Nachdem der Spielleiter die einzelnen Stellungen erklärt und gezeigt hat, kann es losgehen.

Nun ruft der Spielleiter den Kindern eine Anweisung zu: „Die Sonne berühren!“
Alle Kinder begeben sich sofort in diese Körperstellung. So geht das Spiel weiter, wobei die Anweisungen des Spielleiters ständig wechseln.

Variante:
Die Anweisungen können unterschiedlich schnell gegeben werden, sodass manche Kinder nicht mithalten können und ausscheiden. Wem es gelingt, als Letzter übrig zu bleiben, der hat das Spiel gewonnen.

☞ **Gut zu wissen**
Dieses Spiel erfordert viel Aufmerksamkeit. Es macht den Kindern großen Spaß, weil es sie sowohl körperlich als auch geistig fordert.
Das Spiel ist mit viel Gelächter und schnellen Körperbewegungen verbunden. Die Kinder erleben, wie schön es ist, gemeinsam herzhaft zu lachen, gemeinsam fröhlich zu sein, und wie wohltuend ein friedliches Miteinander ist.

Nasenkontakt

Alter	*ab 6 Jahren*
Spielform	*Gruppenspiel*
Material	*leere Streichholzschachtel*

So geht es
Die Kinder sitzen oder stehen im Kreis. Ein Kind nimmt die Hülle einer Streichholzschachtel und

steckt sie auf seine Nase. Nun wählt es einen Mitspieler, an den es die Schachtel weitergeben möchte. Der Mitspieler muss jetzt, ohne die Hände zur Hilfe zu nehmen, die Schachtel am anderen Ende auf seine Nase aufstecken. Anschließend muss der erste Mitspieler versuchen, seine Nase von der Schachtel zu befreien. Das ist wirklich nicht so einfach, wenn die Kinder dabei zu lachen anfangen und dann auch nicht mehr stillhalten können.

Variante:

So wird ein Wettbewerb daraus:
Es bilden sich zwei Gruppen mit gleicher Anzahl. Sie stellen sich in einer Reihe nebeneinander auf. Die beiden Kinder, die am Anfang der Reihe stehen, stecken sich die Streichholzschachtel auf die Nase. Auf ein Startzeichen des Spielleiters hin wird nun so schnell wie möglich die Schachtel von einem Kind zum anderen weitergereicht. Die Gruppe, in der die Schachtel am schnellsten von Nase zu Nase gewandert ist, hat gewonnen.

☞ **Gut zu wissen**

Bei diesem lustigen Geschicklichkeitsspiel ist gemeinsames Lachen garantiert!

Sorgenpuppen basteln

Alter	*ab 5 Jahren*
Spielform	*Einzel- und Gruppenspiel*
Material	*Wolle, große Holzperle, wasserfester Filzstift, Pfeifenputzer 10 cm und 20 cm lang, Gewebeklebeband*

So geht es

Zuerst wird der lange Pfeifenputzer so durch die Perle gesteckt, dass sie in der Mitte liegt. Dann wird der Draht an beiden Seiten nach unten gebogen und dicht an der Perle umeinander gedreht. So entsteht der Hals. Gleich darunter wird der kürzere Pfeifendraht einmal um den längeren Draht gewickelt, sodass die Enden wie Arme abstehen. Sie sollten natürlich gleich lang sein. Die beiden Stücke des langen Drahtes werden noch etwas umeinander gedreht, die beiden Enden als Beine leicht auseinandergedrückt. Nun wird das Gewebeklebeband fest um die Puppe gewickelt und zwar dort, wo Hals, Schultern, Brust, Bauch und Hüften sitzen sollen, denn dort muss die Puppe etwas dicker sein. Die Arme und Beine werden an den Enden etwas umgebogen. Das werden die Hände und Füße.

Anschließend wird der ganze Puppenkörper mit bunter Wolle umwickelt, bis er vollständig bedeckt ist.

Zuletzt wird die große Holzperle mit dem dünnen Filzstift bemalt, sodass die Puppe Haare und ein Gesicht bekommt.

☞ **Gut zu wissen**

Manchen Kindern fällt es sehr schwer, über ihre Ängste, Sorgen und ihren Kummer zu sprechen. Da kann so eine kleine Sorgenpuppe sehr hilfreich sein, so wie es zum Beispiel die Kinder in Mittelamerika machen. Wenn sie ein Problem, Kummer oder Angst haben, vertrauen sie es ihrer Sorgenpuppe am Abend an, legen sie unter das Kopfkissen und am nächsten Morgen sind ihre Sorgen gleich viel kleiner geworden. Über große Sorgen, Ängste und Kummer sollten die Kinder trotzdem lieber mit einem verständnisvollen Menschen reden, aber bei einem kleinen Kummer hilft so eine Puppe ganz bestimmt.

Der Stuhl der netten Worte

Alter	*ab 5 Jahren*
Spielform	*Gruppenspiel*
Material	*Stühle*

So geht es

Die Kinder setzen sich in einen Kreis. Das Kind, das am meisten Zuspruch oder positive Worte braucht, setzt sich in die Mitte des Kreises auf einen Stuhl. Nun rückt es nacheinander vor jedes Kind, das im Kreis sitzt. Jedes Kind soll nun dem „Stuhlkind“ etwas Freundliches sagen. Wenn das Stuhlkind einmal im Kreis herumgerückt ist, darf ein anderes Kind auf den „Stuhl der netten Worte“. Im Anschluss sollte ein kurzes Gespräch stattfinden: Wie hast du dich bei so vielen netten Worten gefühlt? Das ist unbedingt notwendig, damit sich die Kinder ihrer Gefühle bewusst werden.

☞ **Gut zu wissen**
Wenn man einmal traurig ist, ist dieses Spiel genau das Richtige. Freundliche Worte können wahre Wunder bewirken und machen die Kinder richtig stark.

Der Außenseiter

Alter	*ab 5 Jahren*
Spielform	*Gruppenspiel*
Material	*wird nicht benötigt*

So geht es
Bei diesem Spiel gehen die Kinder durch den Raum und begrüßen sich gegenseitig. Sie schütteln sich die Hände – vielleicht umarmen sie sich auch und sie wechseln ein paar freundliche Worte miteinander. Ein Kind ist freiwillig der Außenseiter. Es wird weder begrüßt noch beachtet. Der „Außenseiter“ versucht nun wieder in die Gemeinschaft aufgenommen zu werden. Dazu muss es ihm gelingen, einem Kind die Hand zu schütteln oder mit ihm ins Gespräch zu kommen. Gelingt es ihm, wird ein anderes Kind zum Außenseiter bestimmt und die Begrüßungsrunde beginnt von Neuem. Anschließend sollte über die Gefühle und Empfindungen gesprochen werden.

Wie haben sich die Kinder dabei gefühlt, jemanden nicht beachten zu dürfen? Und wie erging es dem Kind, das den Außenseiter gespielt hat?

☞ **Gut zu wissen**
Durch dieses Spiel erleben die Kinder, dass man es als Außenseiter ganz schön schwer hat. Und dass es wirklich nicht schön ist, wie einer behandelt zu werden. Doch wie kann ich das ändern? Was kann ich tun? Spielerisch erleben die Kinder, dass man mit etwas Mut und Geduld etwas an der Situation ändern kann. Im Spiel wie auch im wahren Leben.

Ballon-Kampf

Alter *ab 5 Jahren*
Spielform *Gruppenspiel*
Material *Luftballons, Bindfaden, Folienstift, kurze Stöcke*

So geht es
Jedes Kind bastelt sich einen Ballon-Stellvertreter, der richtig spitzenmäßig und wild kämpfen kann. Und das geht so: Ein Luftballon wird aufgeblasen und ein wütendes oder schauriges Gesicht mit einem Folienstift draufgemalt. Mit dem Bindfaden wird nun der Ballon an einem kurzen Stiel oder Stock befestigt und schon kann „der Kampf" losgehen. Entweder „kämpfen" zwei Kinder miteinander oder jeder gegen jeden. Natürlich darf

dabei nur der wütende Ballon-Stellvertreter eingesetzt werden, auf keinen Fall der Stock.
Und los geht es ... mal richtig schön Dampf ablassen!

☞ **Gut zu wissen**

So können die Kinder Aggressionen loswerden, ohne dabei einem anderen wehzutun. Das wirkt auf die Kinder ganz und gar befreiend. Doch zuvor sollten klare Regeln abgesprochen werden und der Spielleiter sollte unbedingt auf die Einhaltung der Regeln achten. Es ist sehr empfehlenswert, dass ein Kind zum Spielleiter gewählt wird.

Mein Freund!

Alter	*ab 5 Jahren*
Spielform	*Gruppenspiel*
Material	*wird nicht benötigt*

So geht es

Für das Freundschaftsspiel setzen sich die Kinder in einen Kreis. Nun versucht jedes Kind sich an eine Situation zu erinnern, die unangenehm oder schwierig für es war. Es könnte sein, dass ein Kind in den Keller gehen musste oder alleine in einem Geschäft einkaufen sollte.
Jetzt überlegt jeder, welches Kind ihm dabei am besten helfen könnte. Einer fängt an und erzählt seine Geschichte. Dann sagt es, welches Kind es gerne dabei gehabt hätte und warum. So lange

weiter „spielen“, bis jedes Kind seine Geschichte erzählt und „einen Freund“ genannt hat.

☞ **Gut zu wissen**
Die Kinder werden staunen, was für unglaubliche Geschichten dabei herauskommen, und sie erfahren, wie viele gute Freunde sie haben.
Freundschaften sind wichtig für Kinder. Sie machen stark, selbstbewusst und fördern das soziale Miteinander.

Ameisenhaufen

Alter	*ab 5 Jahren*
Spielform	*Gruppenspiel*
Material	*verschiedene Sitzgelegenheiten*

So geht es
Die Kinder holen stabile und weiche Sitzgelegenheiten (Sitzwürfel, große feste Kissen und so weiter), sodass jedes Kind einen Sitz hat. Die Sitze werden in einer Reihe aufgestellt und jedes Kind setzt sich auf einen der Plätze.
Nun sagt der Spielleiter: „Stellt euch vor, ihr seid eine große Familie von Ameisen. Es hat ein Unwetter gegeben, bei dem es so viel geregnet hat, dass die Ameisen ihren Haufen umschichten müssen. Ein unglaubliches Chaos ist entstanden, das die Ameisen nur in den Griff bekommen, weil sie sich genau abstimmen und sich gegenseitig helfen.“

Bei dem Spiel geht es darum, dass jeder zu einem neuen Platz wandern muss, ohne dabei die Sitzreihe zu verlassen und ohne den Boden zu berühren. Derjenige, der am Anfang ganz oben in der Reihe ist, muss ganz nach hinten. Alle anderen können sich, im Einvernehmen mit den anderen Kindern, ihren neuen Platz frei wählen. Sobald aber eines der Kinder auf den Boden tritt, wird das Spiel unterbrochen und es muss von vorne begonnen werden.

☞ **Gut zu wissen**

Bei diesem Spiel müssen die Kinder sich aufeinander verlassen können und sich gegenseitig helfen. Nur gemeinsam erreichen sie ihr Ziel. Das fördert das soziale Miteinander und zeigt den Kindern, wie gut man in der Gruppe auch schwierige Aufgaben bewältigen kann.

Die Piraten

Alter	*ab 5 Jahren*
Spielform	*Gruppenspiel*
Material	*Ball*

So geht es

Die Kinder teilen sich in zwei Gruppen auf. Eine Gruppe spielt die Piraten, eine Gruppe die Freunde. Ein Kind spielt den Gefangenen und setzt sich in die Mitte der „Piratengruppe“. Um ihn herum wachen die Piraten.

Um die Piraten haben sich die Freunde des Gefangenen versammelt, die versuchen, dem Freund das „Lösegeld“ zu überreichen. Denn der Gefangene kommt nur frei, wenn er das Lösegeld selbst übergibt. Als Lösegeld dient ein Ball und die Freunde des Gefangenen versuchen nun den Ball so zu werfen oder zu rollen, dass ihn die Piraten nicht schnappen können. Immer wenn sie ihn doch erwischen, geben sie den Ball den Freunden zurück. Das Spiel ist aus, wenn der Gefangene es selbst geschafft hat, den Ball zu fangen. Was für ein Glück für ihn, dass er so gute Freunde hat!

☞ **Gut zu wissen**

In diesem Spiel geht es darum, den Kindern aufzuzeigen, wie wichtig Freundschaften und das Miteinander ist. Sie erleben das schöne Gefühl: Ich habe Freunde, die mir helfen und auf die ich mich verlassen kann.

Wovor hast du Angst?

Alter *ab 5 Jahren*
Spielform *Gruppenspiel*
Material *Stifte und Papier*

So geht es

Gemeinsam „bekämpfen“ die Kinder ihre kleinen und großen Ängste. Dazu zeichnet jeder auf, wovor er am meisten Angst hat. Das können zum

Beispiel Spinnen oder Hunde oder auch die Dunkelheit sein.
Anschließend werden die Gemälde mit dem Nachbarskind ausgetauscht und die Kinder erzählen sich gegenseitig von ihren Ängsten, die sie gezeichnet haben. Nun muss jedes Kind das „Angstblatt" des anderen Kindes so bearbeiten, dass es die Angst darauf „wegzeichnet". So wird zum Beispiel bei einem Spinnengemälde einfach um die Spinne ein Glas als Behälter gemalt. Wenn jedes Kind das Angst-Bild seines Mitspielers bearbeitet hat, werden die Bilder wieder ausgetauscht und erklärt, warum das Nachbarkind jetzt keine Angst mehr haben muss! Eine Erklärung könnte dann lauten: „Ich habe dem kläffenden Hund von deinen Nachbarn einfach einen Maulkorb gezeichnet und ihn zusätzlich noch an eine lange Leine angekettet. Jetzt brauchst du keine Angst mehr zu haben, dass er dich beißt!"

☞ **Gut zu wissen**

Angst lähmt unsere Gedanken. Hier kann das Kind erleben, wie positiv es sein kann, wenn es sich mit seinen Nöten an eine andere Person wendet: Wie gut, wenn ich jemanden habe, der mir bei einer Lösung behilflich ist, wenn mir vor lauter Angst überhaupt nichts mehr einfällt.

Freiflug!

Alter *ab 5 Jahren*
Spielform *Gruppenspiel*
Material *Stuhl*

So geht es

Ein Kind sitzt auf einem Stuhl und hat die Augen geschlossen. Um den Stuhl herum stehen vier weitere Mitspieler. Die anderen Mitspieler drücken ihre Hände nicht zu kraftvoll, aber doch spürbar auf den Kopf des auf dem Stuhl sitzenden Kindes und zählen langsam rückwärts von 10 bis 0. Nun legen zwei Spieler ihre Zeigefinger unter die Kniekehlen des Kindes und die anderen beiden Kinder unter die Achselhöhlen und ziehen das Kind leicht hoch.
Wie wunderbar ... ich fliege ...
Das fliegende Kind öffnet die Augen – klar sitzt es noch auf dem Stuhl, doch es war wirklich ein Gefühl zum Abheben.

☞ **Gut zu wissen**

Eine Mutprobe für alle, die das Fliegen lernen möchten, und gleichzeitig ein Beweis dafür, dass man sich auf Freunde verlassen kann.

Auf meiner Wolke

Alter	*ab 5 Jahren*
Spielform	*Gruppenspiel*
Material	*große Decke*

So geht es

Eine Decke oder dünne Matte wird auf den Boden gelegt und einige Kinder knien sich darauf und begeben sich anschließend in den Vierfüßlerstand. Ein weiteres Kind legt sich rücklings auf die Rücken der anderen Kinder. Nun bewegen sich die Kinder gemeinsam so, dass das liegende Kind im sanften Rhythmus geschaukelt wird. Dabei lassen sie ihre Rücken zu einer fließenden Bewegung werden. Zwischendurch aber bewegen sie sich ganz holprig, wie ein galoppierendes Pferd. Danach wird gewechselt und ein anderes Kind aus der Gruppe kommt nach oben „auf die Wolke". Doch aufgepasst: Das Kind, das oben liegt, darf nicht herunterplumpsen. Die Bewegungen der Kinder müssen daher ganz genau aufeinander abgestimmt werden. Schließlich tragen sie die Verantwortung für das Kind auf der Wolke. So lange spielen, bis jedes Kind einmal auf „seiner Wolke" gelegen hat.

☞ Gut zu wissen

„Ich liege auf einem himmlischen Wolkenbett, das ganz von alleine schaukelt und mich in den Schlaf wiegt. Manchmal jedoch verwandelt sich das Wolkenbett in ein wildes Pferd und ich werde ordentlich durchgerüttelt." In diesem Spiel lernen die

Kinder aufeinander achtzugeben und sie erfahren, wie es ist, sich auf andere verlassen zu können.

Rosinenkuchen backen

Alter *ab 5 Jahren*
Spielform *Partner- oder Gruppenspiel*
Material *weiche Unterlage*

So geht es

Ein Kind liegt auf dem Bauch auf einer weichen Unterlage und zwei weitere Kinder sitzen jeweils links und rechts neben dem Kind auf der Matte. Das Kind, das auf dem Bauch liegt, ist ein Rosinenkuchen und erzählt den beiden anderen Kindern, wie so ein Rosinenkuchen gebacken wird. Dabei müssen die beiden Kinder mit ihren Händen den „Backanweisungen“ genau folgen:
Zuerst wird der Tisch abgewischt: Mit den Händen über den Rücken des „Rosinenkuchenkindes“ reiben.
Anschließend wird Mehl draufgestreut und verteilt: Mit den Handtellern sanft auf dem Rücken kreisen.
Jetzt muss der Teig gut durchgeknetet ausgerollt werden ... und jetzt wieder ausgerollt. Und nun kommen die vielen kleinen Rosinen in den Teig: Mit den Fingerspitzen lauter kleine Rosinen in den „Rückenteig“ drücken und leicht weiterkneten. Nach etwa 5 Minuten werden die Rollen getauscht und ein anderes Kind wird der Rosinen-

kuchen. Den Anweisungen des auf dem Bauch liegenden Kindes sollten die anderen unbedingt folgen, denn ein Kind möchte etwas länger gerieben, ein anderes etwas länger geknetet und wieder ein anderes vielleicht etwas länger gedrückt werden.

☞ **Gut zu wissen**

Die Berührungen in diesem Spiel verschaffen ein herrliches Gefühl von Entspannung und Körperkontakt – und sind wichtig für die Selbstwahrnehmung. Die Kinder erleben ihren eigenen Körper und können ihre Gefühle bewusst wahrnehmen. Sie spüren, wie gut es ihnen tut, wenn ein anderer ihren Rücken durchknetet oder reibt.

Die Eule

Alter	*ab 5 Jahren*
Spielform	*Einzel- oder Gruppenspiel*
Material	*wird nicht benötigt*

So geht es

Manchmal können Ängste so groß sein, dass sie einfach lähmend wirken. Viele Kinder möchten dann nur noch ihren Kopf einziehen und sich verkriechen; andere wiederum reagieren auf Angst mit Hilflosigkeit und manche sogar mit Wut und Aggressivität. Doch von der Eule können wir lernen, was wir dagegen tun können, denn sie atmet ihre Ängste ganz einfach weg!

Und so wird es gemacht:

1. Die Kinder sitzen aufrecht auf einem Stuhl, die Füße flach auf den Boden gestellt. Nun greifen sie mit der rechten Hand um ihren Oberkörper und umfassen mit ihr die linke Schulter. Dabei atmen sie ein.
2. Jetzt drehen sie den Kopf wie eine Eule ganz langsam nach rechts und atmen dabei aus. Das Kinn sollte dabei unbedingt auf gleicher Höhe bleiben.
3. Anschließend wird der ganze Vorgang zur anderen Seite hin wiederholt.

Zu jeder Seite mindestens dreimal atmen; wer möchte, kann das Ausatmen auch mit einem langgezogenen Ton begleiten: Uuuhhhuuu!

☞ **Gut zu wissen**

Ein Kind, das lernt seine eigenen Gefühle und Ängste zu erkennen, kann emotional intelligent damit umgehen.

Fantasiereise – Der stille See

Alter	*ab 5 Jahren*
Spielform	*Einzel- oder Gruppenspiel*
Material	*weiche Unterlage, eventuell Kuscheldecke, Kissen ...*

So geht es

Die Kinder machen es sich gemütlich. Sie sind ganz entspannt und atmen gleichmäßig. Wer möchte, kann dabei die Augen schließen. Nun beginnt der Spielleiter die Geschichte vom stillen See zu erzählen. Anschließend sollte über die Fantasiereise und die Gefühle und Gedanken, die die Kinder dabei hatten, geredet werden. Es redet aber nur wer möchte. Manchmal ist es auch schön für die Kinder, wenn sie den (ihren) kleinen See anschließend malen können.

Die Geschichte vom stillen See

Schließe nun deine Augen und atme ganz ruhig ...
Tief ein- und ausatmen ... und ein- und ausatmen ...
Und nun stell dir einen See vor.
Er liegt in den Bergen und ist sehr blau ... und sehr tief ... und sehr unruhig ...
Die Wasseroberfläche kräuselt sich, bildet viele kleine Wellen, sodass du nicht in die Tiefe und schon gar nicht auf den Grund blicken kannst ...
Sogar dein Spiegelbild auf der Wasseroberfläche ist nicht zu erkennen ...
So unruhig ist der kleine blaue See ...
Es ist dein See!
Die Unruhe und die vielen kleinen Wellen auf dem See haben etwas mit deinen Gedanken und Gefühlen zu tun.
Auch du bist noch unruhig und deine Gedanken jagen hin und her.
Doch nun atmest du ganz ruhig und du spürst, wie du dich immer mehr entspannst ...
Du spürst die Ruhe ...
Du spürst die Nähe und das Vertrauen ...
Alle Ängste sind weg ...

Du fühlst dich sicher ...
Langsam beruhigt sich der kleine See ...
Die Wellen werden immer langsamer ... werden ruhiger und ruhiger ...
Allmählich kannst du dein Gesicht auf der Wasseroberfläche erkennen.
Das Wasser wird immer klarer und klarer...
Und so wie der kleine blaue See immer klarer und ruhiger wird, werden nun auch dein Kopf und deine Gedanken immer klarer und ruhiger.
Wie der blaue See, ruhig und klar, ist nun auch mein Kopf – wie wunderbar!
Wiederhole diesen Satz in Gedanken dreimal:
Wie der blaue See, ruhig und klar, ist nun auch mein Kopf – wie wunderbar ...
Und nun lasse langsam diese inneren Bilder wieder los.
Atme tief ein und aus. Strecke und recke dich.
Du fühlst dich ruhig und ausgeruht und geborgen!

Fantasiereise – Der Walnussbaum

Alter	*ab 5 Jahren*
Spielform	*Einzel- oder Gruppenspiel*
Material	*weiche Unterlage, eventuell Kuscheldecke, Kissen ...*

So geht es

Die Kinder machen es sich gemütlich. Sie sind ganz entspannt und atmen gleichmäßig. Wer möchte, kann dabei die Augen schließen.

Der Spielleiter (Eltern ...) beginnt die Geschichte vom Walnussbaum vorzulesen.

Die Geschichte vom Walnussbaum

Schließe nun deine Augen und atme ganz ruhig ...
Tief ein- und ausatmen ... und ein- und ausatmen ...
Auf einer großen Wiese steht ein uralter, mächtiger Walnussbaum.
Aber es ist kein normaler Baum, denn er versteht die Sprache der Kinder.
Jeden Tag besuchen sie ihn, um von ihren Sorgen und Nöten, aber auch von ihren Abenteuern zu erzählen. So setzt sich auch heute ein Kind vertrauensvoll unter den Baum und schließt die Augen.
Ganz ruhig ... und geborgen ... und sicher ... fühlt sich das Kind unter dem Walnussbaum.
Die Sonne scheint warm ...
Ein Gefühl auf der Haut wie zarte, flauschige Hühnerfedern ...
Eine Weile sitzt es dort und genießt den Augenblick ... Ganz ruhig und entspannt ...
Dann fragt der alte Walnussbaum mit freundlicher Stimme: „Was ist geschehen, mein Kind? Erzähle es mir!“
Das Kind legt seine Hände auf die alte, harte Rinde des Baumes.
Stark und sicher fühlt es sich an ... geborgen ...
Kannst du es auch spüren ...?
Die warme, weiche Sonne ...
Die ruhige, freundliche Stimme des Baumes ...
Die starke Rinde ... die Sicherheit ... die Geborgenheit ...

Möchtest du dem Baum etwas erzählen ... etwas, was dich bedrückt ...?
Oder etwas, was dich freut ...?
Versuch es ruhig einmal ...
Du kannst in Gedanken dem alten, starken Walnussbaum alles erzählen ...
Du kannst ihm alles anvertrauen ...
Er hört dir zu und versteht dich ...
Du kannst dich ganz sicher und verstanden fühlen ...
Versuch es ...
Erzähle es dem Baum ... deinem Baum ...

(Etwa ein bis zwei Minuten Pause einlegen)

Hast du nun dem Baum alles erzählt?
Ein schönes Gefühl, jemanden zu haben, dem man alles erzählen kann – und der immer zuhört.
Du kannst ihn von nun an immer besuchen – deinen Baum ...
Er ist für dich da und hört dir zu ... zu jeder Zeit ... wann immer du willst ...
Du setzt dich unter deinen Baum, spürst die warme Sonne und erzählst ...
Wann immer du willst ...
Und nun lasse langsam diese inneren Bilder wieder los.
Atme tief ein und aus.
Du fühlst dich ruhig und ausgeruht und geborgen.

☞ **Gut zu wissen**

Ein positiv gestimmter Mensch kann mit seinen Gefühlen, insbesondere mit seinen Problemen besser umgehen. Auch der Umgang mit seinen Mitmenschen fällt einem positiv gestimmten Menschen viel leichter und er ist oftmals in der Lage, Erfolge und Ziele leichter und schneller zu erreichen. Fantasiereisen wirken besonders förderlich auf Kinder und helfen ihnen dabei, eine positive Lebenseinstellung zu entwickeln. Gemeinsam erlebt und gehört, verstärken sie zusätzlich das Miteinander und fördern das Gruppengefühl. „Schließlich haben wir gerade gemeinsam eine wunderschöne Reise gemacht – und das schweißt zusammen!“

Fantasiereise – Das Märchen vom hässlichen Oger

Alter	*ab 6 Jahren*
Spielform	*Einzel- oder Gruppenspiel*
Material	*weiche Unterlage, eventuell Kuscheldecke, Kissen ...*

So geht es

Die Kinder machen es sich gemütlich. Sie sind ganz entspannt und atmen gleichmäßig. Wer möchte, kann dabei die Augen schließen. Der Spielleiter beginnt nun mit ruhiger Stimme das Märchen vom hässlichen Oger vorzulesen.

Das Märchen vom hässlichen Oger

Schließe nun deine Augen und atme ganz ruhig ... Tief ein- und ausatmen ... und ein- und ausatmen ... Einmal war ein junger Ogermann traurig. Was

sehr ungewöhnlich war, denn die Oger bewahren ihre Seelen außerhalb ihrer Körper auf. Und deshalb kannten sie keine Gefühle.
Die meisten Oger hatten ihre Seelen in ein gläsernes Ei oder in ein Taubennest auf dem Mond verstaut. Die Seele dieses jungen Ogermannes lag auf dem tiefsten Grund des Meeres in einer eisernen Kiste. Und dadurch war der junge Ogermann beinahe unsterblich. Außerdem konnte er seine Gestalt wechseln, sich in jedes beliebige Tier oder menschliche Wesen verwandeln und er konnte zaubern. Wie alle Oger.
Eines Tages nun hatte sich der junge Oger in einen drei Meter großen gutaussehenden Hünen verwandelt. In prächtige purpurrote Kleider gehüllt, das flammenrote Haar gebändigt, wanderte er durch die Ländereien. Auf einer saftig grünen Wiese traf er auf ein junges wunderschönes Mädchen. Bei ihrem Anblick begann sein Herz laut zu pochen. Der Oger war verwirrt, denn er kannte ja keine Gefühle.
Doch das schöne Mädchen sprach mit sanfter Stimme: „Wer bist du? Ich habe dich noch nie zuvor gesehen." Und obwohl die Oger am allerliebsten Menschen fraßen und ihr bekanntester Spruch „Fi-fo-fum! Hier riecht´s so gut nach Menschenblut" lautete, verliebte sich der seelenlose Ogermann in das schöne Menschenkind. Aber es begann schon zu dämmern und bald würde sich der schöne, stolze Hüne wieder in das hässliche, bösartige Monster zurückverwandeln. Da lief der Oger, ohne ein Wort zu erwidern, schnell fort.

Zurück in das dunkle, feuchte Gemäuer, in dem er mit anderen Unholden hauste. Doch das schöne Mädchen konnte er nicht vergessen. Immer wenn er an sie dachte, begann sein dummes Ogerherz aufs Neue wild zu pochen. So vergingen viele Tage und Nächte. Der junge Ogermann war so verwirrt, dass er weder essen und trinken noch das alte Gemäuer verlassen konnte. Die anderen Ungeheuer verspotteten ihn.
„Dummkopf!", riefen sie ihm zu. „Du sollst die Menschen fressen und nicht lieben!"
Doch woher sollte der junge Ogermann wissen, was Liebe war? Seine Seele befand sich doch auf dem tiefsten Grund des Meeres. Aber nicht sein Herz! Und das wollte und wollte einfach nicht aufhören zu pochen. Da beschloss der junge Ogermann seine Seele zu holen, um zu erfahren, wie das war Gefühle zu haben. Er verwandelte sich in einen Adler und flog zum Meer. Als Schwertfisch tauchte er auf den Meeresgrund und suchte nach der eisernen Kiste, in der sich seine Seele befand. Das zehnarmige Meeresungeheuer, dessen Gestalt er schließlich annahm, öffnete geschwind die eiserne Truhe. Und als seine Seele langsam in seinen Körper wanderte, verwandelte er sich wieder in den jungen Ogermann zurück. Mit letzter Kraft schaffte er es, aufzutauchen, denn schließlich war er jetzt nicht mehr unsterblich und verwandeln konnte er sich nun auch nicht mehr. Deshalb brauchte er auch fünf Tage und fünf Nächte, um zu der Wiese zurückzukehren, auf der er dem schönen Mädchen begegnet war.

Schon von Weitem sah er sie. Sie saß inmitten des saftigen Grüns und sang ein leises, trauriges Liebeslied. Und als sie den jungen Ogermann erblickte, da lächelte sie. Der Oger schämte sich, denn schließlich war er nun kein schöner, stattlicher Hüne mehr, sondern ein hässlicher und gemeiner Oger. Schon wollte er davonlaufen, da rief das Mädchen: „Lauf nicht fort. Ich habe auf dich gewartet ..."
Der Oger schämte sich noch mehr und senkte seinen breiten Schädel.
„Aber ich bin doch so hässlich", krächzte er verzweifelt. Da schaute ihn das Mädchen aus hellen Augen an und sagte: „Ich sehe dein Herz, ich erkenne deine Seele. Du bist wunderschön." Und von diesem Tag an lebten sie glücklich und zufrieden bis an ihr Lebensende.

☞ **Gut zu wissen**

Anschließend sollte über dieses Märchen und die Gefühle und Gedanken, die die Kinder während der Fantasiereise hatten, geredet werden. Das sollte aber nur ganz freiwillig geschehen. Manche Kinder möchten gerne ein Bild zu dem gerade Gehörten malen.

Fantasiereise – Das Märchen vom zornigen Kobold

Alter	*ab 6 Jahren*
Spielform	*Einzel- oder Gruppenspiel*
Material	*weiche Unterlage, eventuell Kuscheldecke, Kissen ...*

So geht es

Die Kinder machen es sich gemütlich.
Sie sind ganz entspannt und atmen gleichmäßig. Wer möchte kann dabei die Augen schließen. Der Spielleiter beginnt mit ruhiger Stimme das Märchen vom zornigen Kobold vorzulesen.

Das Märchen vom zornigen Kobold

Schließe nun deine Augen und atme ganz ruhig ... Tief ein- und ausatmen ... und ein- und ausatmen ... Einmal wollte ein Wichtel nicht mehr im dunkelsten Winkel des Hauses leben. Nie wieder wollte er in der Nacht alle Arbeiten in der Küche erledigen. Und schon gar nicht den Menschen weiterhin treu ergeben sein. Denn sie hatten ihn beleidigt – die Menschen hatten ihm ein neues Kleid geschenkt! Und deswegen war aus dem freundlichen Wichtel ein zorniger Kobold geworden. Und als es zu dämmern begann, kroch er aus seinem Winkel hervor, ordnete sein wirres rotes Haar, zupfte an seinem langen Bart und wanderte auf seinen kurzen dünnen Beinen in die Welt hinaus. Nach einer Weile blieb er stehen, drehte sich zu dem Haus, in dem er so viele Jahre treu gedient hatte, um und sagte mit heiserer Stimme:

„Dummes Menschenvolk! Hast keine Achtung vorm treuen Wichtel. Trittst seine Gefühle mit dreckigen Menschenfüßen!“
Dann weinte er bitterlich, warf einen letzten Blick auf sein vertrautes Heim und verschwand in der Dunkelheit. Die ganze Nacht lief er hindurch.
Zu seinen Verwandten nach England, den Hobs und Lobs, wollte er gehen. Dort würde er in alten Gemäuern die Menschen plagen und sich für die furchtbare Schmach, die sie ihm zugefügt hatten, rächen. Doch eine Sache störte den zornigen Kobold ganz gewaltig an seiner englischen Verwandtschaft – sie trugen keine Kleidung! Das sorgte ihn sehr und er fragte sich, ob auch er dort seinen roten Mantel, die roten Kniehosen und das rote Mützchen ablegen müsste? Niemals!, dachte der zornige Kobold und beschloss sich lieber seinen skandinavischen Verwandten, den Nissen, beizugesellen. Zwar hörte sich deren Lachen wie Pferdegewieher an und sie kleideten sich stets ganz in Grau und trugen grobe Arbeitsstiefel, doch das war allemal besser, als nackt durch die Gemäuer zu streifen. Doch schon kündigten die ersten Sonnenstrahlen den neuen Tag an und der zornige Kobold, der eigentlich ein freundlicher Wichtel war, suchte sich ein ruhiges, dunkles Plätzchen, um zu schlafen. Doch er brachte kein Auge zu. Schlimmer Hunger quälte ihn. Bei seinen Menschen hatte er jeden Morgen, zum Dank für seine verrichtete Küchenarbeit, ein Schüsselchen Milch, Haferbrei mit Butter und Sahne und ein Stückchen Honigkuchen bekommen. Der Gedanke

an das köstliche Mahl ließ dem zornigen Kobold, der ja eigentlich ein freundlicher Wichtel war, das Wasser im Munde zusammenlaufen. Und plötzlich – war vielleicht der Hunger dran schuld? – sah er die skandinavischen Nisse vor sich. Weiße, schmächtige Gestalten, mit riesigen Greisengesichtschädeln auf den klapprigen Schultern. Und diese hellen Augen und das entsetzliche Pferdegewieher. Dem zornigen Kobold wurde ganz unbehaglich zumute. Heiliger Donnerschlag, waren die hässlich! Entsetzt ließ er den Kopf sinken und rieb sich die Augen und als er wieder aufschaute, waren die hässlichen Nisse verschwunden. „Was für ein Alptraum!", krächzte er.
„Das sind deine Verwandten", antwortete eine helle Stimme.
Der zornige Kobold, der eigentlich ein freundlicher Wichtel war, zuckte heftig zusammen.
„Wer war das?", fragte er ängstlich.
„Du brauchst dich nicht zu fürchten. Ich will dir nichts Böses!", antwortete die helle Stimme. Und dann sah der zornige Kobold eine Fee neben sich hocken.
„Wer bist du?"
„Deine Fee!", sagte sie freundlich.
„Ich brauche keine Fee. Ich bin ein einsamer, zorniger Kobold, der mal ein freundlicher Wichtel war, bis das elende Menschenpack ihn furchtbar beleidigt hat und er ihnen für immer den Rücken gekehrt hat und der nun zu seinen Verwandten reist, die aber entweder nackt oder grauenhaft hässlich sind, und der schlimmen Hunger hat und

der überhaupt nicht schlafen kann. Also warum brauche ich eine Fee?", keifte der zornige Kobold.
„Weil jedes Wesen eine gute Fee braucht", erwiderte die Fee noch sanfter.
„Und wofür, wenn ich mal fragen darf?", ätzte der zornige Kobold.
„Damit alles gut wird!"
„Gut, dann hilf mir dabei, mich an den Menschen zu rächen", verlangte der zornige Kobold.
„Du hast dich schon gerächt!", meinte die gute Fee.
„Was? Wie denn?"
„Schau her", antwortete die gute Fee und deutete in die Ferne.
Da erschien dem zornigen Kobold, der eigentlich ein freundlicher Wichtel war, die heimische Küche, in deren Winkel er so viele Jahre gelebt hatte und die er Nacht für Nacht geputzt und poliert hatte und wo er so glücklich war. Am Tisch saß die Hausherrin mit der jüngsten Tochter. Traurig sahen sie aus. Die jüngste Tochter schluchzte leise vor sich hin.
„Es tut mir so leid", jammerte sie.
„Du konntest es ja nicht wissen", tröstete die Hausherrin das weinerliche Geschöpf.
„Ich dachte ...", stammelte das Mädchen unter Tränen weiter, „wenn ich ihm ein neues Kleid nähe, dann freut er sich darüber."
„Nein. Für die Wichtel ist es eine ganz schlimme Beleidigung, wenn man ihnen ein neues Kleid schenkt. Aber das konntest du ja nicht wissen", erklärte die Hausherrin.

„Und nun?“, fragte die jüngste Tochter verzweifelt.
„Nun ... kommt unser lieber, guter, freundlicher Wichtel niemals wieder zu uns zurück.“
Und da musste auch die Hausherrin weinen.
Dem zornigen Kobold, der ja eigentlich ein freundlicher Wichtel war, stiegen die Tränen in die tiefliegenden Augen.
„Sie wollten dich nicht verärgern. Sie haben es nur gut gemeint. Nur manchmal verstehen die Menschen die Bräuche und Traditionen anderer nicht richtig. Und dann kann es passieren, dass sie jemanden verletzen, ohne es gewollt zu haben.“
Und als der zornige Kobold, der jetzt eigentlich überhaupt nicht mehr zornig war, etwas erwidern wollte, da war die gute Fee verschwunden.
Und wenn sie nun Recht hatte? Er grübelte und grübelte und als es endlich wieder zu dämmern begann, da machte sich der freundliche Wichtel, der eine Zeit lang ein zorniger Kobold war, wieder auf den Weg nach Hause. Gerade rechtzeitig, um die Küche zu putzen und am nächsten Morgen seine Schüssel mit Leckereien zu bekommen. Und von diesem Tag an lebte der freundliche Wichtel glücklich und zufrieden im tiefsten Winkel der Küche und bekam nie wieder ein neues Kleid geschenkt.

☞ **Gut zu wissen**

Märchen enthalten fast immer eine versteckte Botschaft.

Beim Märchen vom zornigen Kobold geht es um die Verschiedenartigkeit der Menschen beziehungsweise der Lebewesen und darum, dass jede Gruppe ihre eigenen Sitten, Rituale und Traditionen hat, die wir achten und respektieren sollten. Es ist sinnvoll, in einer anschließenden Gesprächsrunde noch einmal auf die Unterschiedlichkeit der Menschen – mit ihren zahlreichen Rassen und Kulturen – einzugehen.

Ich kleb an dir Foto: A. Szillat

Kapitel 4: Spiele und Übungen auf der „Achterbahn“

Auf der Achterbahn „laufend“ neue Herausforderungen bestehen. Sich in Bewegung mit Lernaufgaben beschäftigen, spielerisch, mit jeder Menge Freude. Das entspricht genau den natürlichen Bedürfnissen eines Kindes – in Bewegung lernen! Die Beschäftigung mit der liegende Acht – dem Unendlichkeitssymbol – fordert beide Gehirnhälften gleichermaßen heraus und unterstützt dadurch die Integration der beiden Hälften. Das Zusammenspiel von linkem und rechtem Auge, linkem und rechtem Ohr, linkem und rechtem Arm, linker und rechter Körperhälfte wird harmonisiert. Leistungen wie Lesen, Sprechen und Rechnen gelingen leichter. Gehen entlang einer gedachten am Boden liegenden Acht befähigt laufend neue Aufgaben zu bestehen und zu lösen und erhöht die Leistungsfähigkeit. Die Spiele und Übungen auf der „Achterbahn“ bereiten den Kindern viel Spaß und Freude – aber nicht nur Kinder, auch Erwachsene können von der „Achterbahn“ profitieren. Besonders dann, wenn man das Gefühl hat, „irgendwie stecken geblieben“ zu sein. Einige Runden im Muster der liegenden Acht erweisen sich dann als besonders hilfreich. Je nachdem wie viel Platz zur Verfügung steht, sollten die beiden Seiten der liegenden Acht jeweils einen Durchmesser von etwa 3 bis 3,5 Metern (bei Kindern) haben. Je mehr Kinder, desto größer fällt das

Muster der Acht aus. Los geht es am Schnittpunkt der liegenden Acht, nach links aufwärts gehend. Es hat sich als hilfreich erwiesen, zu Beginn die liegende Acht mit kleinen Klebepunkten (oder Gegenständen) zu markieren. Ein Klebepunkt wird direkt auf dem Schnittpunkt der Acht angebracht und jeweils einer auf den beiden äußersten Punkten. Sobald die Kinder das Muster verinnerlicht haben, sollte die Markierung wieder entfernt werden.
Gegangen wird gleichmäßig, mit schwingenden Armen – linker Arm bewegt sich nach vorne mit rechtem Knie, rechter Arm schwingt nach vorne gleichzeitig mit dem linken Knie. Bevor die Spiele auf der „Achterbahn" beginnen, sollten die Kinder einige Proberunden laufen – und dann kann die rasante Fahrt auf der Achterbahn auch schon losgehen.
Spaß und Freude ist dabei garantiert, denn: Die Acht gibt uns richtig viel Kraft!

Wörterkette

Alter	*ab 7 Jahren*
Spielform	*Gruppenspiel*
Material	*eventuell Klebepunkte für das Muster der liegenden Acht*

So geht es

Die Kinder gehen hintereinander auf der liegenden Acht. (Wie in der Einführung beschrieben).

Das Kind, das vorneweg geht, nennt ein Wort, zum Beispiel Tigerente. Nun soll das Kind, das direkt hinter ihm geht, ein Wort mit dem letzten Buchstaben des vorher genannten Wortes sagen, zum Beispiel Tigerente – Erdbeeren. So geht es immer weiter, bis alle Kinder an der Reihe waren. Aber dabei immer schön auf der liegenden Acht bleiben!

Varianten:

Nur ganz bestimmte Wörter dürfen genannt werden, zum Beispiel nur Tiere oder Vornamen oder bei etwas älteren Kindern Städte oder Flüsse ...

☞ **Gut zu wissen**

Das Gehen entlang einer am Boden liegenden gedachten Acht fördert die Zusammenarbeit der beiden Gehirnhälften und damit die geistige Leistungsfähigkeit.

Alles rückwärts

Alter	*ab 7 Jahren*
Spielform	*Gruppenspiel*
Material	*eventuell Klebepunkte für das Muster der liegenden Acht*

So geht es

Die Kinder gehen auf der liegenden Acht. (Wie in der Einführung beschrieben.) Der Spielleiter sagt ein Wort. Das Kind, das an erster Stelle geht, beginnt das Wort rückwärts zu buchstabieren. Schafft es das ohne Fehler, darf es ein neues Wort nennen und das Kind dahinter ist an der Reihe mit dem Rückwärts-Buchstabieren. Gelingt das Rückwärts-Buchstabieren nicht fehlerfrei, wird das Wort an das Kind dahinter „weitergereicht", nun muss dieses versuchen rückwärts zu buchstabieren. So geht es immer weiter, bis jedes Kind an der Reihe war. Und immer schön auf der liegenden Acht bleiben!

Variante:
Anstatt die vorgegebene Reihenfolge einzuhalten, können die Kinder selber bestimmen, welches Kind als nächstes rückwärts buchstabieren soll, zum Beispiel „Der Fred soll bitte das Wort Elefant rückwärts buchstabieren!" Jedes Kind sollte jedoch nur einmal an die Reihe kommen. So ist es erforderlich, dass die Kinder den Überblick behalten und genau darauf achten, wer schon dran war und wer noch nicht.

☞ **Gut zu wissen**
Schritt für Schritt baut man beim Gehen auf der liegenden Acht die „geistigen Muskeln", das bedeutet die Nervenverbindungen auf, die für immer anspruchsvollere Aufgaben erforderlich sind.

Ich packe meinen Rucksack

Alter	*ab 7 Jahren*
Spielform	*Gruppenspiel*
Material	*eventuell Klebepunkte für das Muster der liegenden Acht*

So geht es

Die Kinder gehen auf der liegenden Acht. (Wie in der Einführung beschrieben.) Das erste Kind sagt: „Ich packe meinen Rucksack und lege mein Lesebuch hinein." Dann ist das Kind dahinter an der Reihe und sagt: „Ich packe meinen Rucksack und lege mein Lesebuch und den Farbkasten hinein." So geht es immer weiter, jedes Kind legt ein Teil dazu.

Es wird so lange gespielt, bis eines der Kinder die Reihenfolge nicht mehr richtig oder vollständig benennen kann. Nicht vergessen: immer auf der „Achterbahn" gehen.

☞ Gut zu wissen

Die geistige Leistung kann gesteigert werden, indem man das Gehen entlang der liegenden Acht mit zusätzlichen Aufgaben anreichert, zum Beispiel mit diesem altbekannten „Kofferspiel"!

Abwerfen

Alter	*ab 6 Jahren*
Spielform	*Gruppenspiel*
Material	*ein weicher Ball, eventuell Klebepunkte für das Muster der liegenden Acht*

So geht es

Die Kinder gehen auf der liegenden Acht. (Wie in der Einführung beschrieben.) Der Spielleiter steht am Rand der liegenden Acht. Dann ruft er: „Lisa, fang den Ball!“, und wirft den Ball demjenigen Kind, dessen Namen er genannt hat, zu. Fängt Lisa den Ball, wirft sie ihn rasch zurück – während sie weiter auf der liegenden Acht geht. Gelingt es ihr aber nicht, den Ball zu fangen, ist sie „abgeworfen“ und scheidet aus. Das Spiel hat gewonnen, wer als Letzter noch nicht „abgeworfen“ ist.

Varianten:

Das Spiel wird umso schwieriger – aber auch lustiger – je mehr das Tempo gesteigert wird. Der Spielleiter gibt unterschiedliche Anweisungen: joggen auf der liegenden Acht, hüpfen auf der liegenden Acht, rückwärtsgehen auf der liegenden Acht, abwechselnd auf dem rechten und auf dem linken Bein hüpfen entlang der liegenden Acht ...

☞ Gut zu wissen

Hier ist hohe Aufmerksamkeit, Koordination und Konzentration gefragt; aber vor allen Dingen macht dieses rasante Spiel richtig viel Spaß!

Tierisch viel Spaß auf der Achterbahn

Alter	*ab 6 Jahren*
Spielform	*Gruppenspiel*
Material	*eventuell Klebepunkte für das Muster der liegenden Acht*

So geht es

Die Kinder gehen auf der liegenden Acht. (Wie in der Einführung beschrieben.) Der Spielleiter ruft: „Alle Pinguine haben tierisch viel Spaß auf der Achterbahn!", und schon verwandeln sich alle Kinder in Pinguine, die auf der liegenden Acht watscheln.
Oder er meint: „Alle Kängurus haben tierisch viel Spaß auf der Achterbahn!" Jetzt hüpfen jede Menge Kängurus auf der liegenden Acht. Aber nicht vergessen – immer schön auf der Achterbahn bleiben beim Watscheln, Hüpfen, Schlängeln, Robben, Kriechen, Schleichen, Galoppieren, Fliegen, Rennen ...

Varianten:

Die Kinder können sich – wenn sie Lust haben – komplett in die jeweiligen Tiere verwandeln. Wie brüllt der Löwe und schaut gefährlich drein? Wie zischt die Schlange und schlängelt sich dabei vorsichtig voran? Wie wiehert das Pferd und macht vor lauter Übermut (oder Frust) Bocksprünge? Und was für Geräusche geben eigentlich Eichhörnchen oder Pinguine oder Schildkröten von sich? Ein Spiel mit wirklich tierisch viel Spaß!

Blümchen öffne dich

Alter *ab 6 Jahren*
Spielform *Gruppenspiel*
Material *eventuell Klebepunkte für das Muster der liegenden Acht*

So geht es

Die Kinder gehen auf der liegenden Acht. (Wie in der Einführung beschrieben.) Der Spielleiter erzählt die Geschichte von der Blume, die am Morgen ihre Blütenblätter langsam öffnet – Blatt für Blatt – und am Abend, wenn die Sonne untergeht, sich langsam wieder – Blatt für Blatt – schließt. Die Finger (der *beiden* Hände) der Kinder sind die Blütenblätter und der Spielleiter gibt vor, wie sich die Blume öffnet.

Blatt 1: Daumen, Blatt 2: Zeigefinger, Blatt 3: Mittelfinger, Blatt 4: Ringfinger und Blatt 5: kleiner Finger.

Aber die Blume öffnet sich nicht in dieser Reihenfolge, sondern so, wie es dem Spielleiter gerade einfällt. Die Hände sind zu Fäusten geschlossen. Nun sagt der Spielleiter zum Beispiel: „Erst 2, dann 4, jetzt 1, nun 3 und schließlich 5!" Gleichzeitig öffnen sich die Finger der Kinder in genau dieser Reihenfolge.

Anschließend sagt der Spielleiter zum Beispiel: „Die Blume ist müde und will schlafen gehen – erst 4, dann 1, dann 3, dann 5, zum Schluss 2!" Gleichzeitig schließen sich die Finger der Kinder genau in dieser Reihenfolge wieder zu einer Faust.

☞ **Gut zu wissen**

Dieses Spiel fördert die Konzentration und die Koordination und schult die Wahrnehmung. Die Kinder können anfangs beim Öffnen und Schließen ihre Hände betrachten. Ziel ist es aber – nach einiger Übungszeit – die Arme weiter in dem vorgegebenen Muster zu schwingen und dabei die Finger (Blütenblätter) zu öffnen und zu schließen.

Verbotene Buchstaben

Alter	*ab 7 Jahren*
Spielform	*Gruppenspiel*
Material	*eventuell Klebepunkte für das Muster der liegenden Acht*

So geht es

Die Kinder gehen das Muster der liegenden Acht. Der Spielleiter sagt zu dem ersten Kind: „Nenne mir ein Wort, in dem der Buchstabe D nicht vorkommt!" Wenn das Kind ein entsprechendes Wort gesagt hat, darf es einem anderen Kind eine Aufgabe stellen. Es sagt beispielsweise: „Peter, du sollst ein Wort sagen, in dem kein P vorkommt!" So geht das Spiel immer weiter, mindestens bis jeder Spieler einmal an die Reihe gekommen ist.

Varianten:

Je nach Alter und Gruppe kann das Spiel entsprechend schwieriger gestaltete werden. Beispielsweise sagt der Spielleiter:

Nenne ein Wort, in dem der Buchstabe Z vorkommt.
Nenne ein Wort, in dem der Buchstabe E zweimal vorkommt.
Bilde einen Satz mit vier Wörtern (oder mehr).
Finde fünf Wörter, die mit dem Anfangsbuchstaben deines Namens beginnen.
Auch hier gilt: Je mehr verschiedene Varianten gespielt werden, desto lustiger wird es.

Ganz das Gegenteil

Alter	*ab 6 Jahren*
Spielform	*Gruppenspiel*
Material	*eventuell Klebepunkte für das Muster der liegenden Acht*

So geht es

Die Kinder gehen auf der liegenden Acht. Das erste Kind denkt sich ein zusammengesetztes Wort aus.
Daraufhin nennt das Kind hinter ihm ein Wort, das entsteht, wenn man eines oder alle Einzelwörter durch das Gegenteil ersetzt. Beispiele können sein:
Großvater – Kleinmutter
Urlaubsspaß – Arbeitstrauer
So geht es von Kind zu Kind weiter, bis alle einmal an der Reihe waren.
Dabei aber immer schön auf der „Achterbahn" bleiben.

☞ **Gut zu wissen**
Ein wirklich lustiges Wörterspiel, das volle Konzentration erfordert.

❦

Ententeich

Alter	*ab 7 Jahren*
Spielform	*Gruppenspiel*
Material	*eventuell Klebepunkte für das Muster der liegenden Acht*

So geht es
Die Kinder gehen das Muster der liegenden Acht. Das erste Kind fängt an und sagt: „Eine Ente, platsch!" Der Nächste fährt fort: „Zwei Enten, platsch, platsch!" Der Dritte: „Drei Enten, platsch, platsch, platsch!" Und so weiter.
Wer sich verhaspelt, der scheidet aus.
Und immer schön auf der Acht bleiben.

Variante:
Wem´s zu leicht ist, der spielt es so: Erstes Kind: „Eine Ente, zwei Beine, platsch!" Zweites Kind: „Zwei Enten, vier Beine, platsch, platsch!" Also äußerste Konzentration, bitte.

☞ **Gut zu wissen**
Hört sich einfacher an, als es ist, und macht richtig viel Spaß, schult die Konzentration und verschafft viel Bewegung auf der „Achterbahn"!

Jongliermeister

Alter *ab 5 Jahren*
Spielform *Gruppenspiel*
Material *Luftballons, eventuell Klebepunkte für das Muster der liegenden Acht*

So geht es

Die Kinder gehen auf der liegenden Acht. Jedes Kind bekommt einen Ballon und muss diesen auf seinem Kopf auf der „Achterbahn" balancieren. Wer ist der Geschickteste?
Wer den Ballon am längsten auf dem Kopf balancieren kann und dabei nicht das Muster der liegenden Acht verlässt, hat gewonnen.

☞ Gut zu wissen

Eigentlich sollte man meinen, dass es gar nicht schwer ist, einen Luftballon auf dem Kopf zu balancieren. Der ist doch ganz leicht. Aber genau das ist das Problem – schwupp – bei der kleinsten Bewegung macht er sich selbstständig.

Geheimtipp

Wer den Ballon vor dem Start kräftig an seinen Haaren reibt und ihn somit statisch auflädt, der hat gute Chancen, dass der Ballon an den Haaren kleben bleibt. Zumindest für eine kurze Zeit.

Kapitel 5: Toben und Spielen macht schlau – Alte Spiele neu entdeckt!

Toben und Spielen macht schlau – eine kühne Behauptung, doch die Effektivität von Spielen für das Lernen und die Denkfähigkeit ist vielfältig nachgewiesen. Spiele regen zu geistigen Leistungen wie strategischem und logischem Denken, Kreativität und Erinnern an. Spiele verlangen Aktivität und Handeln, vergrößern die Lebenserfahrung, entwickeln die Persönlichkeit ... und machen richtig viel Spaß. Bewegungsspiele fördern die motorischen Fähigkeiten und sorgen damit für eine gesunde Entwicklung. Nicht zuletzt lehren Spiele, dass es bestimmte Regeln gibt, an die man sich in der Gemeinschaft halten muss – im Spiel sowie auch im wahrem Leben.

Alte Spiele neu entdeckt!

Immer mehr Kinder leiden unter Koordinationsproblemen und Bewegungsunsicherheiten. Darüber hinaus fallen bereits bei den Kleinsten Haltungsschäden und Übergewicht auf. Die Gründe dafür liegen auf der Hand: Statt mit Spielkameraden im Freien herumzutoben, verbringen Kinder heute vermehrt ihre Freizeit mit Computerspielen und Fernsehen. Selbst wenn neben dem Schulsport noch einmal wöchentlich Ballett- oder Fußballtraining auf dem Programm stehen, werden Kinder nicht ausreichend körperlich gefordert. Bewegungsspiele eignen sich optimal, um bei Kindern die Lust am Toben zu wecken und sie ins Freie zu locken.

Jetzt machen wir ...

Alter *ab 5 Jahren*
Spielform *Gruppenspiel*
Material *wird nicht benötigt*

So geht es

Die Kinder gehen durch den Raum. Wer Lust hat, darf eine Bewegung bestimmen. Der Spieler ruft beispielsweise: „Jetzt laufen wir alle rückwärts!“

Sofort laufen alle Kinder rückwärts. Damit nicht alle durcheinanderrufen und ein kleines Chaos ausbricht, gibt es bestimmte Regeln: Jedes Kind darf nur eine Bewegung oder Übung bestimmen. Es muss dabei aufpassen, dass es kein anderes Kind unterbricht, das ebenfalls eine Anweisung geben wollte.

Am besten erklärt der Spielleiter vor Beginn Folgendes: „Seid aufmerksam und beobachtet die anderen Mitspieler, ob sie gerade eine Anweisung ausrufen wollen.“ Jede Übung sollte mindestens 30 Sekunden ausgeführt werden. Damit auch garantiert ist, dass die Kinder nicht zu schnell neue Anweisungen einbringen, sollten sie innerlich 30 Sekunden mitzählen.

Variante:

Es kann auch ein festgelegter Platz (z. B. ein Stuhl, der in die Mitte des Raumes gestellt wird) bestimmt werden, von dem aus ein Kind eine neue Übung ausrufen kann. Somit ist die Ausgewogenheit des Spielverlaufes garantiert.

☞ **Gut zu wissen**
Gerade impulsive Kinder lernen durch dieses Spiel sich zurückzunehmen. Den Kindern bereitet dieses Spiel besonders viel Freude, weil sie den Spielverlauf bestimmen können.

Wer findet den Wecker?

Alter	*ab 6 Jahren*
Spielform	*Gruppenspiel*
Material	*ein analoger Wecker und ein Tuch*

So geht es
Der Spielleiter versteckt einen Wecker im Raum. Dann ruft er die Kinder herein und fordert sie auf den Wecker zu suchen. Nun ist ein gutes Gehör gefragt. Alle Kinder versuchen das Geräusch des Weckers auszumachen.
Wer den Wecker zuerst findet, darf ihn selbst versteckten und die akustische Weckersuche beginnt von Neuem.

Variante:
Der Wecker wird an einem beliebigen Platz im Zimmer aufgestellt.
Einem Kind werden mit einem Tuch die Augen verbunden und es erhält die Aufgabe, den Wecker, nur nach dem Gehör, aufzuspüren. Hat es seinen akustischen Auftrag erledigt, darf es ein anderes Kind auf die „Gespitzte-Ohren-Weckersuche“ schicken.

☞ **Gut zu wissen**
Bei dieser lustigen Weckersuche wird besonders die auditive Wahrnehmung angesprochen und geschult.

Stille Post mal anders!

Alter *ab 5 Jahren*
Spielform *Gruppenspiel*
Material *wird nicht benötigt*

So geht es
Die Kinder sitzen im Kreis und halten sich an den Händen. Eines der Kinder schickt nun, per sanften Handdruck, die Post ab. Dabei sagt es: „Jetzt schicke ich die Post ab!"
Jedes Kind gibt nun durch einen Händedruck die Post weiter; zweimal drücken bedeutet einen Richtungswechsel. Sobald die Post wieder bei dem Kind angekommen ist, das sie abgeschickt hat, ruft es: „Die Post ist angekommen!" Das Spiel kann neu beginnen.

☞ **Gut zu wissen**
Dieses kleine kinästhetische Kommunikationsspiel macht noch mal so viel Spaß, wenn die Kinder die Augen schließen und wirklich nur „erfühlen", wie die Post ihren Weg findet. Also Augen zu und ab geht die Post!

Schubkarrenrennen

Alter	*ab 5 Jahren*
Spielform	*Gruppenspiel*
Material	*wird nicht benötigt*

So geht es

Hier ist Teamarbeit gefordert. Zwei Kinder finden sich zu einem Team zusammen. Ein Kind ist die Schubkarre, es legt sich bäuchlings auf den Boden. Das andere fasst dessen Beine an, hebt sie hoch und schiebt los. Das erste Kind läuft auf seinen Händen vorwärts. Nach einigen Übungsrunden wird ein Rennen veranstaltet. Mehrere Teams stehen am Start und müssen eine zuvor festgelegte Strecke so schnell wie möglich zurücklegen. Dasjenige Schubkarrenteam, das zuerst das Ziel erreicht, hat gewonnen.

☞ Gut zu wissen

Abgesehen von ihrem Spielwitz verstecken sich in den meisten alten Spielen erstaunlich viele pädagogische Lektionen. Oft geht es gar nicht um Gewinnen oder Verlieren. Stattdessen müssen sich die Kinder untereinander verständigen und zusammen kooperieren. Je mehr die Kinder aufeinander Rücksicht nehmen, desto mehr Spielfreude entwickelt sich. Das soziale Verhalten der Kinder wird positiv beeinflusst. Ein rasantes Spiel, das für jede Menge Spaß sorgt und den Teamgeist schult.

Tüchertanz

Alter *ab 6 Jahren*
Spielform *Gruppenspiel*
Material *mehrere bunte Tücher, eventuell Musikanlage*

So geht es

Jedes Kind hat ein Tuch in unterschiedlichen Farben in der Hand. Die Kinder „zeichnen“ mit dem Tuch verschiedene Muster in die Luft. Nun ruft der Spielleiter: „Blau tauscht mit Gelb!“
Das Kind mit dem blauen Tuch und das mit dem gelben tauschen blitzschnell ihre Tücher aus. Dann „zeichnen“ sie mit dem neuen Tuch ein neues Muster, ganz wie es ihnen gefällt, in die Luft. Der Spielleiter gibt ständig neue Farbtausche vor.

☞ Gut zu wissen

Bei diesem Spiel gibt es keine Gewinner oder Verlierer, es geht nur um den Spaß an der Bewegung. Zusätzlich schult dieser Tüchertanz spielerisch die Wahrnehmung. Lassen sie im Hintergrund schöne Musik abspielen, damit sich die Kinder tänzerisch mit ihrem Tuch bewegen können.

Der Dirigent

Alter *ab 5 Jahren*
Spielform *Gruppenspiel*
Material *wird nicht benötigt*

So geht es

Die Kinder stehen oder sitzen im Kreis. Ein Kind, das zuvor ausgewählt wurde, verlässt kurz den Raum. Nun wird ein Dirigent gewählt, der verschiedene Bewegungen vorgibt, zum Beispiel in die Hände klatschen, am Kopf kratzen, auf die Oberschenkel klopfen ...
Alle anderen Kinder müssen sogleich diese Bewegung mitmachen. Das erste Kind wird in den Raum gerufen und soll den Dirigenten ausfindig machen. Dieser wechselt nun ständig die Bewegungen. Hat das Kind den Dirigenten entlarvt, wird dieser nun vor die Tür geschickt und ein neuer Dirigent wird gewählt. Das Spiel beginnt von vorne.

☞ **Gut zu wissen**

Die Wahrnehmung ist das Fundament für ganzheitliches Lernen. Durch dieses Spiel wird die Wahrnehmung und Aufmerksamkeit geschult und außerdem macht es richtig viel Spaß.

Meine Ohren, meine Ohren ...

Alter	*von 4 bis 12 Jahren*
Spielform	*Einzelspiel oder Gruppenspiel*
Material	*wird nicht benötigt*

Vers:

Meine Ohren, meine Ohren, die mach ich mir jetzt munter.
Nun reib ich sie und streich ich sie, von oben bis ganz hinunter.
Gleich fühl ich mich, gleich fühl ich mich hellwach, ganz frisch und munter.
Dann geht mir schnell ein Lichtlein auf und alles läuft viel runder:
Das Zuhören, das Vorsprechen. Und ablenken kann mich nun keiner.
Meine Ohren, meine Ohren, die sind schon echt ein Wunder.

So geht es

Die Kinder ziehen und massieren die Ränder beider Ohren mit Daumen und Zeigefinger sanft von innen nach außen (ausfalten). Sie beginnen oben an den Ohren und gehen der Rundung des Ohres nach, nach unten bis zu den Ohrläppchen. Mindestens dreimal oder öfter wiederholen. Während die Kinder sich die Ohren ausstreichen, sagen alle den Vers gemeinsam auf.

☞ **Gut zu wissen**

Diese Ohrmassage, die auch Denkmütze genannt wird, aktiviert über 400 Akupunkturpunkte an den Ohren. Sie erhöht die Aufmerksamkeit beim Zuhören und erleichtert das Vorsprechen. (Edu-Kinestetik)

Der Märchenflüsterer

Alter *ab 5 Jahren*
Spielform *Gruppenspiel*
Material *wird nicht benötigt*

So geht es

Es muss stockdunkel sein, so dunkel, dass man die Hand vor Augen nicht sieht. Die Kinder bilden einen Kreis, der so groß ist, dass sie viel Bewegungsfreiheit haben. Ein Kind, das zuvor vom Spielleiter ausgewählt wurde, tritt in die Mitte und beginnt im Flüsterton eine Geschichte zu erzählen. Die Mitspieler sollen anhand der Stimme herausfinden, wer es ist. Glaubt einer den Märchenerzähler erkannt zu haben, geht er ebenfalls in die Mitte und flüstert ihm seine Vermutung ins Ohr. Hat er Recht, tauschen beide die Rollen und das Märchen geht weiter.

Variante:

Wie wäre es denn mal mit einem Lied? Dies ist eine wirklich lustige Variante dieses Spiels. Außerdem erfordert es in dieser gesungenen Variante noch mehr Aufmerksamkeit, da sich die Stimmen beim Singen oftmals ganz anders anhören.

Jaulendes Hündchen

Alter — *ab 5 Jahren*
Spielform — *Gruppenspiel*
Material — *wird nicht benötigt*

So geht es

Die Kinder sitzen im Kreis und haben die Augen geschlossen. Der Spielleiter tippt einem der Kinder auf die Schulter. Dieses spielt das jaulende Hündchen und krabbelt im Kreis herum.
Nun hockt es sich vor eines der Kinder hin und fängt an herzerweichend zu jaulen. Das ausgewählte Kind streichelt das Hündchen und muss anhand des Jaulens herausfinden, wer es ist. Hat es richtig geraten, so wird es selbst zum Hündchen, liegt es aber falsch, so wandert das jaulende Hündchen zum nächsten Kind weiter.

Klirrende Gläser

Alter — *ab 5 Jahren*
Spielform — *Gruppenspiel*
Material — *unterschiedliche Gläser und Gabeln*

So geht es

Jedes Kind erhält ein Glas und eine Gabel und sucht sich damit einen Platz im Raum. Ein Kind wird bestimmt, prägt sich die Kinder im Raum gut ein und schließt dann die Augen. Die anderen Kinder erzeugen alle nacheinander einen Ton mit ihrem Glas und der Gabel. Ein vorher vom Spielleiter ausgewähltes Kind schlägt sein Glas zweimal kurz hintereinander an. Nun muss das lauschende Kind diesen Klang heraushören. Gelingt es ihm, hebt es die Hand und nennt die Person, die es erkannt hat. Dann wird gewechselt und weiter geht es mit dem konzentrierten Lauschen.

☞ **Gut zu wissen**

Ein richtig schwieriges Spiel, das hohe Konzentration und eine gute auditive Wahrnehmung erfordert. Aber auch von den anderen Kindern verlangt es absolute Ruhe, und das ist etwas, was den Kindern nicht immer ganz leicht fällt.

In die Stille lauschen

Alter	*ab 5 Jahren*
Spielform	*Gruppenspiel*
Material	*wird nicht benötigt*

So geht es

Alle Kinder sitzen im Kreis auf dem Boden.
Eine Minute lang wird nicht gesprochen, jeder schließt die Augen und lauscht. Danach wird gesammelt: Aus welcher Richtung war etwas zu hören? Was könnte die Ursache des Geräusches gewesen sein? Wie viele unterschiedliche Geräusche waren es? Man sollte danach unbedingt noch eine Lausch-Runde machen, denn beim zweiten Mal ist jeder schon viel sensibler und hört noch mehr.

Variante:

Dieses Lauschspiel kann auch besonders gut nach einer Wanderung oder lauten Spielzeit oder auch nach dem Sportunterricht gemacht werden. Immer dann, wenn uns besonders viel Lärm umtost hat, wirkt dieses Spiel wunderbar entspannend und klärt unsere auditive Wahrnehmung.

☞ **Gut zu wissen**

In unserer lärmdurchfluteten Welt hört man kaum noch einzelne Geräusche. Dieses Spiel macht´s möglich. Es kann einfach überall gespielt werden und jedes Mal wird etwas anderes dabei herauskommen.

Mäuslein, Mäuslein, find´s heraus ...

Alter	*ab 5 Jahren*
Spielform	*Gruppenspiel*
Material	*ein großer Karton*

So geht es

Ein Kind wird zum Mäuslein und sitzt in seinem Karton-Haus.
Es sperrt die Ohren ganz weit auf, denn von draußen her hört es Stimmen, die mit ihm sprechen.
Alle Kinder sitzen im Kreis und wählen ein Kind aus, welches das Mäuslein ist. Dieses krabbelt in sein Karton-Haus. Nun ruft eines der Kinder: „Mäuslein, Mäuslein, finde heraus, wer mit dir spricht in diesem Haus!“

Das Mäuslein muss den Sprecher beim Namen nennen, wenn es ihn erkannt hat.
Hat es richtig geraten, so kann es wieder aus seinem Karton-Haus herauskrabbeln und das erratene Kind krabbelt hinein. Das Spiel geht von vorne los.

☞ **Gut zu wissen**

Aufmerksamkeit und Konzentrationsfähigkeit gelten als wesentliche Grundlagen für erfolgreiches Lernen. Wenn heute von Aufmerksamkeit und Konzentration bei Kindern geredet wird, ist allerdings vor allem von deren Mangel die Rede. In diesem Spiel wird die Aufmerksamkeit der Kinder geschult – und nicht nur die akustische.

Hilf mir mal ...

Alter	*ab 6 Jahren*
Spielform	*Partnerspiel*
Material	*Schuhe mit Schnürsenkeln*

So geht es

Die Kinder bilden Paare. Nun knoten sie sich gegenseitig die Schnürsenkel ihrer Schuhe auf. Anschließend sollen sie versuchen mit einer ihrer eigenen Hände und mit einer Hand des Partnerkindes den Schuh wieder zuzubinden. Das erfordert einiges Geschick und gute Zusammenarbeit. Ist der erste Schuh wieder zu, so machen sie sich gemeinsam an den zweiten Schuh.

Variante:
Und so wird ein lustiger Wettbewerb daraus:
Die Paare treten im Schnell-Schuh-Zubinden-Wettbewerb gegeneinander an. Auf ein Startzeichen des Spielleiters hin geht es los. Es gewinnt das Paar, dem es als erstem gelingt, beide Schuhe wieder mit einer Schleife zuzubinden.

☞ **Gut zu wissen**
Die Kinder erleben, wie eine ganz alltägliche Handlung zu einer schwierigen Aufgabe werden kann. Und wie es ist, sich mit einem Partner abzustimmen und seine Bewegungen zu koordinieren.

Kommissar Augenauf

Alter	*ab 5 Jahren*
Spielform	*Gruppenspiel*
Material	*verschiedene Kleidungsstücke, Schmuck ...*

So geht es
Alle Kinder sitzen im Kreis. In der Mitte liegen sechs verschiedene Kleidungs- und Schmuckstücke. Ein Kind ist Kommissar „Augenauf". Es prägt sich alle Sachen gut ein und geht vor die Tür. In der Runde gibt es einen Dieb, der nun ein Kleidungs- oder Schmuckstück stiehlt und es sich anlegt. Schnell setzt der Dieb sich wieder auf seinen Platz. Die anderen Kinder rufen laut um Hilfe. Kommissar „Augenauf" betritt den Raum und

muss den Dieb mit seiner Beute entlarven. Wird er den Fall lösen können?

☞ **Gut zu wissen**

Erst durch unsere Sinne wird die Welt, in der wir leben, zugänglich. Durch dieses visuelle Wahrnehmungstraining lernen die Kinder ihre Umwelt bewusster und umfassender wahrzunehmen.

Die Iiigitt-Kiste

Alter	*ab 5 Jahren*
Spielform	*Gruppenspiel*
Material	*verschiedene kleine Gegenstände z. B. Weintrauben, ein Schälchen mit Shampoo, Karotten, ein Schälchen mit Quark, ein Schälchen mit Pudding, ein Stück Schaffell, eine Kiste und ein Tuch zum Abdecken*

So geht es

Der Spielleiter, der als Einziger weiß, welche Dinge in der Kiste sind, deckt sie mit dem Tuch zu. Nun lässt er das erste Kind einen Gegenstand befühlen, zu dem der Spielleiter eine kurze Geschichte erzählt. Zum Beispiel könnte sie beim Griff ins Shampoo so beginnen: „Als ich zum ersten Mal mit dem Schleim dieser seltsamen Außerirdischen in Berührung kam ..."
Wenn die Geschichte zu Ende ist, greifen die Zuhörer ebenfalls in die Kiste und befühlen den

„Schleim“ ... iiigitt! Erst danach lüftet der Spielleiter das Geheimnis. Nachts oder im Dunkeln gespielt ist es doppelt so spannend.

☞ **Gut zu wissen**

So einfach dieses Spiel auch ist, den Kindern macht es großen Spaß und schult dabei ganz nebenbei, unter viel Gelächter und lautem „Iiigitt!“, die kinästhetische Wahrnehmung.

❦

Wer ist es?

Alter	*ab 5 Jahren*
Spielform	*Gruppenspiel*
Material	*wird nicht benötigt*

So geht es

Die Kinder teilen sich in zwei Gruppen auf. Eine Gruppe stellt sich auf die eine Seite der Tür. Nun steckt ein Kind die Hand durch den Türspalt. Dabei achtet das Kind darauf, dass man den Ärmel nicht sehen kann. Die Gruppe drinnen rät, zu wem die Hand gehört.

Variante:

Als Variante können auch Füße, lange Haare oder einzelne Finger durch den Türspalt gesteckt werden.

❦

Hörst du die Stecknadel fallen?

Alter	*ab 5 Jahren*
Spielform	*Gruppenspiel*
Material	*Stecknadel, Tisch oder anderer Untergrund mit harter Oberfläche*

So geht es

Alle Kinder sitzen mit geschlossenen Augen im Kreis. Ein Kind hat die Augen geöffnet, nimmt eine Stecknadel und lässt sie einige Male hintereinander auf den Tisch fallen. Alle Kinder spitzen die Ohren und sagen hinterher, wie oft sie die Nadel fallen gehört haben. Es ist ganz wichtig, dass die Kinder bei diesem Spiel mucksmäuschenstill sind.

☞ Gut zu wissen

Hinhören, zuhören, Richtungshören, reagieren auf akustische Signale, Laute differenzieren – dies sind alles Leistungen, die der Mensch im Alltag erbringen muss. Durch dieses Spiel wird die auditive Wahrnehmung sowie die Aufmerksamkeit und Konzentration geschult.

❦

Hallo Herr Hai!

Alter	*ab 5 Jahren*
Spielform	*Gruppenspiel*
Material	*wird nicht benötigt*

So geht es

Bevor die Fischjagd losgehen kann, muss ein Fischbecken (Spielfeld) und eine Rettungsinsel

(Tisch, Bank, Sandkasten, Baum ...) festgelegt werden. Dann wird ein Kind bestimmt, das den Hai spielt, während sich die anderen Kinder in Fische verwandeln, die der Hai zu gerne fressen würde. Das Spiel funktioniert so: Alle, der Hai und die Fische, laufen im „Fischbecken" herum. Dabei rufen die Fische immer wieder: „Herr Hai, Herr Hai, wie spät ist es?" Der Hai antwortet zum Beispiel mit: „Es ist Zeit zum Spielen!", oder: „Es ist Zeit zum Laufen ... Tanzen ... Bauen." Wenn er aber mit „Es ist Zeit zum Fressen!" antwortet, müssen alle Kinder zu der Rettungsinsel flüchten! Jeder Fisch, den der Hai gefangen hat, wird jetzt selbst ein Hai und macht mit beim Fischefangen. Das Spiel ist aus, wenn nur noch ein Fisch übrig ist. In der nächsten Runde ist er dann der Hai!

☞ **Gut zu wissen**

Durch Bewegungsspiele werden spielerisch die motorischen Fähigkeiten geschult. Sie sprechen vielfältige Muskelgruppen an und verlangen ein ausgewogenes Zusammenspiel von Bewegungsapparat, Gleichgewichtssinn und Ausdauer. Die Kinder trainieren gleichzeitig ihr Herz-Kreislauf- und Atemsystem und werden belastbarer und gesünder.

Herr Meier sagt ...

Alter *ab 5 Jahren*
Spielform *Gruppenspiel*
Material *wird nicht benötigt*

So geht es

Die Kinder wählen einen Spielführer, den Herrn Meier. Der übernimmt nun die Leitung und stellt der Gruppe verschiedene Aufgaben, die sie dann prompt ausführen muss. Dabei spricht Herr Meier stets in derselben vorgegebenen Weise zu den Kindern. Ein paar Beispiele:
Herr Meier sagt: „Alle hüpfen auf einem Bein!"
Herr Meier sagt: „Alle krabbeln rückwärts!"
Herr Meier sagt: „Alle machen einen Hampelmann!"
Herr Meier sagt: „Alle werden zum Affen!"
Nach einer Weile wird ein neuer Herr Meier gewählt. So lange spielen, wie die Kinder Spaß dran haben.

Variante:

Auch diesmal gibt Herr Meier Kommandos und die anderen müssen versuchen, die schwierigen Aufgaben zu erfüllen. Herr Meier könnte etwa sagen: „Klatscht in die Hände, bildet mit den Händen einen Kreis, indem sich jeweils beide Daumen und beide Zeigefinger berühren, berührt so wenig wie möglich den Boden, hebt ein Bein in die Luft, berührt mit dem Bein ein anderes in der Luft, formt ein L (es gehen auch viele andere Buchstaben) mit euren Körpern ..."

☞ **Gut zu wissen**

Bei diesem Spiel geht es nicht um Gewinner und Verlierer, sondern vielmehr um den Spaß an der Bewegung.
Mit viel Bewegung trainieren die Kinder nicht nur ihre Ausdauer und ihr Körpergefühl. Sie bauen zugleich Stress ab und sorgen für eine gesunde Durchblutung des Gehirns. Sie können ihren Körper kennenlernen und entdecken Bewegung als Ausdruck von Lebensfreude.

Der Spiegel

Alter	*ab 5 Jahren*
Spielform	*Partnerspiel*
Material	*eventuell Musikanlage*

So geht es

Zwei Kinder stehen oder sitzen sich gegenüber. Einer von beiden beginnt eine Körperbewegung zu machen. Das andere Kind ist der Spiegel, macht also alle Übungen und Bewegungen nach, natürlich spiegelverkehrt. Die Kinder sind dabei vollkommen still. Sind die Kinder einigermaßen geübt, können auch zwei oder mehrere Kinder das erste spiegeln.
Das Spiel wird umso anspruchsvoller, je mehr Kinder beteiligt sind. Noch schöner wird es, wenn dieses Spiegelspiel mit leiser meditativer Musik unterstützt wird.

☞ **Gut zu wissen**

Ganz spielerisch wird die Bewegungskoordination, Geschicklichkeit, Bewegungswahrnehmung und visuelle Wahrnehmung der Kinder gefördert.

❦

Katz und Maus

Alter	*ab 5 Jahren*
Spielform	*Gruppenspiel*
Material	*wird nicht benötigt*

So geht es

Die Kinder stehen im Kreis und halten sich an den Händen. Einer ist die Maus und steht im Kreis. Ein anderes Kind ist die Katze und darf den Kreis zunächst nicht betreten. Jetzt wird ein Sprüchlein aufgesagt.

Katze: „Mäuslein, Mäuslein komm heraus."
Maus: „Nein, ich komme nicht heraus."
Katze: „Ich kratze dir die Augen aus."
Maus: „Dann springe ich zum Loch hinaus."

Die Jagd ist eröffnet. Die Katze darf aber erst den Kreis betreten, wenn zwei Kinder entweder die Hände öffnen oder zu einem Bogen heben. Natürlich möchte auch die Maus jetzt schnell aus dem Kreis heraus. Auch sie kann nur durch den Kreis hindurch, wenn zwei Kinder sie hindurchlassen. So lange spielen, wie die Kinder Freude daran haben.

❦

Der Zauberer

Alter	*ab 5 Jahren*
Spielform	*Gruppenspiel*
Material	*wird nicht benötigt*

So geht es

Ein Kind ist der Zauberer. Auf ein Startzeichen hin beginnt er die anderen Kinder zu fangen. Wenn er jemanden abschlägt, ist dieser verzaubert und kann sich nicht mehr von der Stelle bewegen. Wer als Letzter verzaubert wurde, wird neuer Zauberer.

Variante:

In dieser Variante können die freien Kinder den Zauber lösen, indem sie durch die Beine der Verzauberten hindurchkrabbeln.

☞ **Gut zu wissen**

Fangen und Verstecken kennt auch heute noch jedes Kind. Die Regeln sind unterschiedlich und müssen vor dem Spiel vereinbart werden. Es gibt auch interessante Varianten, bei denen nicht nur die Schnelligkeit zählt und auch schwächere Kinder eine Chance haben.

Bäumchen, wechsle dich!

Alter	*ab 5 Jahren*
Spielform	*Gruppenspiel*
Material	*im Freien spielen, es sollten genügend Bäume vorhanden sein*

So geht es

Jedes Kind sucht sich einen Baum, der möglichst nicht zu weit weg von den anderen stehen sollte. Wenn der Fänger ruft: „Bäumchen, wechsle dich“, müssen alle einen anderen freien Baum suchen. Wer abgeschlagen wird, ist neuer Fänger.

☞ Gut zu wissen

Kinder sollen und wollen lernen, und das schon von ganz klein an. Doch Lernen bedeutet nicht, einfach nur Zahlen und Buchstaben kennenzulernen, es setzt Aktivität voraus und das ganz wörtlich. Kinder, die toben dürfen, lernen einfach besser. In Bewegung lernen und sich weiterentwickeln, das haben viele „alte“ Spiele – so wie dieses – mit sich gebracht.

Mutter, wie weit darf ich reisen?

Alter *ab 6 Jahren*
Spielform *Gruppenspiel*
Material *wird nicht benötigt*

So geht es

Ein Kind steht als Spielführer an einem festen Platz, die anderen in einiger Entfernung gegenüber in einer Reihe. Jedes Kind fragt nacheinander: „Mutter, Mutter, wie weit darf ich reisen?" Die Mutter antwortet mit einer Stadt, zum Beispiel Amsterdam. Nun fragt das Kind: „Darf ich?" Die Mutter kann mit Nein oder Ja antworten. Bei einem Ja darf das Kind gehen, die Anzahl der Schritte ergibt sich aus den Silben der Stadt: Ams - ter - dam. Geht das Kind, ohne vorher „Darf ich?" zu fragen, muss es zum Ausgangspunkt zurückkehren. Bei einem Nein bleibt es einfach stehen. Wer zuerst die Mutter erreicht, wird neuer Spielführer.

☞ Gut zu wissen

Toben und Spielen ist nicht einfach nur ungesteuertes „Herumrennen", denn über die Freude an der Bewegung erfahren Kinder viel mehr über sich selbst und ihre Umwelt. Diese Erfahrungen und Eindrücke sind Voraussetzung dafür, dass sich die verschiedenen Bereiche des Gehirns intensiv vernetzen, was sich wiederum positiv auf die Entwicklung von Sprache, Schreiben, Lesen und Rechnen auswirkt.

Ein Hut, ein Stock, ein Regenschirm ...

Alter *ab 5 Jahren*
Spielform *Einzel-, Partner-, Gruppenspiel*
Material *wird nicht benötigt*

So geht es

Dieser Reim lockert jeden Spaziergang, jeden Sportunterricht, Kindergeburtstag und und und auf:
„Eins, zwei, drei, vier, fünf, sechs, sieben.
Ein Hut, ein Stock, ein Regenschirm.
Vorwärts, rückwärts, seitwärts, ran.
Hacke, Spitze, hoch das Bein".
Zunächst gehen alle sieben Schritte, beim nächsten Vers gehen alle bei jeder Silbe einen Schritt. Anschließend wird der rechte Fuß erst nach vorne, dann nach hinten und zur Seite getippt. Bei „ran" wird der rechte Fuß neben den linken gestellt. Zum Schluss wird mit dem linken Fuß erst die Hacke auf den Boden, dann die Fußspitze auf den Boden getippt und schließlich das linke Bein angehoben. Und schon geht es wieder von vorne los.

☞ **Gut zu wissen**

Ein Spiel-Tanz-Reim der viel Bewegung und Freude verschafft und bei dem man einfach mitmuss. Sitzen ist von allen Dauerhaltungen die ungesündeste Körperhaltung, die Menschen einnehmen können. Dennoch wird den Kindern verordnet, im Sitzen zu lernen. Doch Lernen betrifft nicht nur den Kopf und den Verstand – Lernen geht den ganzen Körper etwas an. Wir lernen mit allen Sinnen – mit dem Körper, dem Geist und der Seele. An einem Lernprozess ist immer der ganze Mensch beteiligt.

Stille Post Foto: A. Szillat

Über die Autorin

In diesem Buch hat die erfahrene Lerntherapeutin Antje Szillat die effektivsten Spiele und Übungen aus ihrer langjährigen Praxis zusammengestellt. In zahlreichen Schulen und Fördergruppen haben sich diese Spiele und Übungen als sehr hilfreich für die ganzheitliche Förderung von Kindern erwiesen. Antje Szillat lebt mit ihrem Mann und den vier Kindern in der Nähe von Hannover. Sie arbeitet als freie Autorin, Dozentin und Lerntherapeutin.

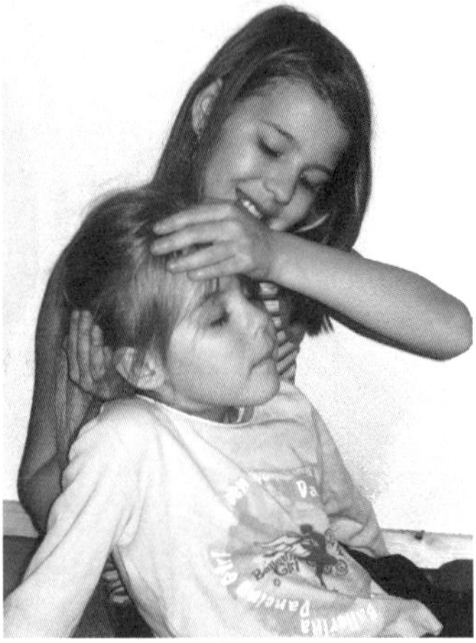

Halten und gehalten werden
Foto: A. Szillat

Krabbelspiele Foto: A. Szillat

Literatur:

Daniel Goleman, *Emotionale Intelligenz*
Deutscher Taschenbuch Verlag

Carla Hannaford, *Bewegung – das Tor zum Lernen*
VAK Verlag

Lore Kleikamp, *Es geht mir gut!*
Verlag Menschenkinder

Paul Dennison, *Brain-Gym – Mein Weg*
VAK Verlag

Doc Childre, *Kannst du mit dem Herzen sehen?*
VAK Verlag

Anna Trökes, *Yoga*
Gräfe und Unzer

Charmaine Liebertz, *Das Schatzbuch der Herzensbildung*
Don Bosco